未来领袖摇篮
系列丛书
WEILAI
LINGXIUYAOLAN

COLUMBIA
UNIVERSITY

刘彦慧 | 编著

哥伦比亚大学
智慧之光

COLUMBIA UNIVERSITY
Wisdom Light

中国出版集团
现代出版社

图书在版编目(CIP)数据

智慧之光：哥伦比亚大学 / 刘彦慧编著. —北京：现代出版社，2013.2（2021.8重印）

（未来领袖摇篮）

ISBN 978-7-5143-1379-6

Ⅰ.①智…　Ⅱ.①刘…　Ⅲ.①哥伦比亚大学－青年读物②哥伦比亚大学－少年读物　Ⅳ.①G649.712.8-49

中国版本图书馆CIP数据核字(2013)第026865号

编　　著	刘彦慧
责任编辑	刘　刚
出版发行	现代出版社
通讯地址	北京市安定门外安华里504号
邮政编码	100011
电　　话	010-64267325 64245264(传真)
网　　址	www.xdcbs.com
电子邮箱	xiandai@cnpitc.com.cn
印　　刷	北京兴星伟业印刷有限公司
开　　本	700mm × 1000mm 1/16
印　　张	12
版　　次	2013年2月第1版　2021年8月第3次印刷
书　　号	ISBN 978-7-5143-1379-6
定　　价	32.00元

前言
QIAN YAN

如今已步入不惑之年，记忆中的一些事情好多都已如烟消云散，不过有一个问题始终萦绕心头，我高中毕业的时候，家里的生活非常艰难，父母为什么还让我读完大学呢？这个问题困扰我已经20年了。终于有一天，我明白了，父母想让我换一种生活方式；他们不希望我沿着他们的生活轨迹前行！

古人说："行万里路，读万卷书。"这句话实在深刻！对现代人而言，行万里路易，读万卷书难。科技的车轮正以惊人的速度滚滚向前，终日在电脑和千奇百怪的机器前忙碌的现代人，用电线、光缆、轨道和航线把地球变成一个村落，点击鼠标，我们可以在世界的任何一个角落把自己随意粘贴。好多人已经认为读书没什么用！读书是在浪费生命。于是，面对现代文明，缺少了读大学修炼的底蕴。我们频繁遭遇对面相逢不相识的尴尬，不断地积聚那些源自心底的陌生。为此，我们渴望一种深层的理解，渴望一种心灵的历练，以让脚步和心灵能够行得更远。

大学有着上千年文化的厚厚沉积，大学有着上千年文明的跌宕起伏，大学有着上千年社会的沧桑巨变，这足以让你惊叹，让你震撼。大学给你的感觉是那样空灵，那样清新，那样恬静。追昔抚今，历史的长廊仿佛就在眼前。生命却耐不住"逝者如斯夫"的侵蚀，大学生活也是必需的人生经历。大学的魅力，与其耳闻，不如亲见。大学生活可以弥补我们时间的缺失，增值属于我们的光阴；大学可以把智慧集腋成裘，让我们的生命成就高品质的价值。

在任何一个团体中，总有某一个人充当着核心的角色，他的言行能够被团体认可，并指引着团体的某一些决策和行动。我们可以把这种人所具备的人格魅力称为“领袖气质”。环境是一种氛围，一种智慧，一种“隐性课程”。我国古代有“孟母三迁”的故事，说明环境对人才成长的重要性。

在良好的教育环境中，人才更能轻松愉快、自由主动地去发现、思考和探索，从中获得知识经验，在情感、信念、意志、行为和价值观等方面得到潜移默化的熏陶；成长环境有助于显示今天的行动与明天的结果之间存在的永久联系。在这里，曾经出现过无数的政治、经济、军事、文化等各个行业的领军人物。他们用行动证明：最具实力、特点的学府，才能真正缔造别具一格的人才。

本丛书选了最具代表性的世界名校20所。通过对这些名校的概况、教学特点、培养的名人等的介绍，意在深度挖掘人才成功之路上不为人知的细节，同时剖析名校培养人才的根本原因所在，是一部您一定要读的人生枕边书。

尽管我们付出了诸多辛苦，然而由于时间紧迫和能力所限，书稿错讹之处在所难免。敬请各方面的专家学者和广大读者批评指正。我们不胜感激！

编 者

2012年11月

目录

开篇　大学是未来领袖的摇篮

大学，是社会的良心，是天才的渊薮，是文化与思想的栖息地，也是每一个青少年成为未来领袖的摇篮。每所大学都有独特的文化和性格。一所大学能反映一个城市甚至一个国家的精神气质。大学是今天与未来的桥梁，认识一所大学，可以树立一个梦想；树立一个梦想，可以创造一个人生。

第一章　认识哥伦比亚大学

哥伦比亚大学教育目标：将年轻一代学生培养成为具有渊博的人文和科学知识以及高超的语言能力的高等人才。

第二章　独特的教育理念

在上帝的神灵中我们寻求知识。

——在校训的指引下，在全球一体化进程的步伐中，哥伦比亚大学高度重视全面发展的国际化人才的培养，使其学子具有高质量的综合素质和国际化视野。

第三章　竞相效仿的“通才教育”

通才教育是为了培养具有高尚情操、有高深学问、有高级思维，能自我激励、自我发展的人才。它实行的是一种博雅教育，注重理智的培养和情感的陶冶。通才教育重视知识综合性和广泛性，但往往过分通博，学科的深入发展受影响。

第四章　哥伦比亚大学的文化底蕴

自创建之初，哥伦比亚大学始终坚持创办世界一流大学。至今，从哥伦比亚大学毕业的众多学子已成为诸多领域的佼佼者——他们在法律、政治、商业、教育、慈善事业以及艺术行业做出了巨大的贡献，并对世界文化与人类进程产生深远的影响。

开　篇　大学是未来领袖的摇篮

大学，是社会的良心，是天才的渊薮，是文化与思想的栖息地，也是每一个青少年成为未来领袖的摇篮。每所大学都有独特的文化和性格。一所大学能反映一个城市甚至一个国家的精神气质。大学是今天与未来的桥梁，认识一所大学，可以树立一个梦想；树立一个梦想，可以创造一个人生。

领袖是怎样炼成的

大学箴言

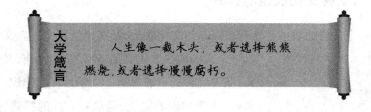

人生像一截木头，或者选择熊熊燃烧，或者选择慢慢腐朽。

做一个出类拔萃的领袖

要想真正成为一名出类拔萃的领袖，必须在工作、生活各个方面具备过硬的素质。从某种意义上说，领袖必须成为人民的理想楷模。这不仅是指通常所理解的“德”，而且也是指同样重要的“智”。一个真正的领袖必须拥有远大的抱负，拥有异于常人的智慧，超常的适应能力，服务大众的态度和引导舆论的能力。

一个好领袖必是一个好的聆听者，并掌握与人沟通、表情达意的技巧。他充满自信，具有很强的分析能力，亦必毅力过人，并能不断自省以求进。英国首相温斯顿·丘吉尔说过：“成功不是终点，失败也并非末日。最重要的是具备勇气，一直前行。”当一个人为实现梦想苦苦追寻的时候，需要这样一种意志和品格。

坚持，是一种信念。无论在国内，还是在国外，要获得最美丽的人生，要实现自己最大的价值，要能够对社会、对他人有所回报，就要坚持自己的目标和梦想。

坚持，是一种过程。这个世界上，天上掉馅饼的事儿几乎为零，或者没有什么事情是一蹴而就的。在梦想实现之前，需要耐得住寂寞、孤独和暂时的不成功。

坚持，是一种生活方式。学习也好，工作也好，生活也好，都需要用一种坚持的态度去完成。这种生活方式可以磨练自己的意志力。坚持住人生信念，没有什么困难是不可以克服的。

做富有文化底蕴的智者

一个优秀的领袖必然有着深厚的文化底蕴，其实也就是文气。文气是指一个人的内在文化底蕴、外在儒雅气质、文化修养、精神境界的自然显露。大学是保存知识、传播知识、创造知识的殿堂，是培养人才的摇篮，是先进文化的策源地和辐射源。大学领导者作为知识分子的领袖、楷模和标尺，如果自身没有知识、没有文化、没有学问，即没有所谓的“文气”，就不会得到师生的尊重、敬仰和爱戴，就很难引领大学的发展。

【领袖语录】

读书时不可有己见；读书后不可无己见。

修炼文气，须多读书，成为大学者。“腹有诗书气自华”。要养成儒雅的文气，就必须博学多识，不仅学习教育学、心理学、管理学、领导学、经济学等知识，还要多读经典古文、传统诗词、名家名篇，广泛涉猎经济、政治、文化、社会等各方面，学贯中西、通晓古今，努力成为著名学者。纵观做出卓著成绩的校长，他们都是某个学科领域的专家，同时也对人文社会科学知识有深厚的积淀。如北京大学原校长蔡元培是哲学家、美学家，还通晓教育学、心理学、生理学，堪称大学问家。

修炼文气，须多思考，成为思想家。文气的养成是为了提高个人素养，促进工作实践，而思考是学习与行动的桥梁，“学而不思则罔”。思考形成思维，思维产生观念，观念形成思想，思想决定行动。因此，大学领导者必须学会思考，并多思考。要明了大学的性质，知晓大学的历史，把握大学面对的环境和拥有的资源，把文气的养成与改造思想结合起来，与指导实践结合起来，与解决实际问题结合起来。历史证明，成功的大学领导者，一般都是深邃的思考者。譬如，哈佛大学校长博克曾著《超越象牙塔》，指出现代大学不能回避为社会的进步和国家的利益服务；芝加哥大学校长赫钦斯曾著书《高深学问》，反对功利主义，倡导博雅教育；耶鲁大学校长吉亚麦提曾著《大学和公众利益》，探讨大学的性质和在社会中的作用；加州大学校长克尔曾著《大学的功用》，提出了巨型大学的概念。由于他们对大学有深入的思考，不随波逐流，从而把大学办出了特色，推上了新台阶。

修炼文气，须多谋划，成为谋略家。大学领导者是学校的规划设计者，历史上有卓越成就的大学领导者都是优秀的谋略大师。卡迪夫大学前任校长史密斯爵士曾说过，作为领导者，他必须将四分之三的时间花在思考学校方向和战略上，他认为，“校长就是要将自己的办学战略和价值理念传播出去，让学校所有员工接受，然后选择合适的人去实现这些策略。”中国的大学校长都曾经或正在谋划制定“大学发展战略规划、大学学科和师资队伍建设规划、大学校园发展规划”，引领大学的发展和振兴。事实证明，大学领导者只有经常围绕“建设一个什么样的大学，怎样建设这样的大学”的问题潜心思考，精心谋划，才能认准大学发展的根本方向，不至于随着各种思潮的冲击而左右摇摆。

> **【领袖语录】**
>
> 所谓年轻的心，就是总有一扇门敞开着，等待未来闯进。

浩然正气的力量

一个优秀的领袖还必须有正气。孟子曰：“吾善养吾浩然之气。”文天祥说：“天地有正气，杂然赋流形。下则为河岳，上则为日星。于人曰浩然，沛乎塞苍冥。”对大学领导者来说，正气就是不媚俗，能引领社会发展潮流。

修炼正气,须不媚俗。大学既要防止“滞后于社会”的弊端,但又不简单地“迎合时尚”。这就要求大学领导者的办学理念和行为方式必须因时而变,成为“对现在和未来都会产生影响的一种力量”。但这种适度而明智的变化不是无原则、无限度的,必须是“根据需求、事实和理想所做的变化”。罗伯特·M·赫钦斯在《学习社会》一书中直言不讳地追问:“大学究竟是为社会服务还是批评社会?是依附于社会还是独立于社会?是一面镜子还是一座灯塔?是迎合眼前的实际需要,还是传播及光大高深文化?”这些都需要我们深思。

有几个充分表明大学校长不媚俗的例子:1986 年哈佛大学校庆,当时的美国总统里根希望获得哈佛大学名誉博士的称号,但哈佛大学校长德雷克·博克予以拒绝:“里根可以成为美国总统,但他难以获得哈佛的博士学位,因为这是学术称号。”人们称之为“两个 President 之争”。基辛格从国务卿岗位上卸任并退出政坛后,很想回到哈佛大学工作,但被哈佛大学校长婉言谢绝:“基辛格是个学识渊博的人。如果论私交,我和他的关系也不坏。但我要的是教授,不是不上课的大人物。”1957 年北大校长马寅初在最高国务会议上提出他的“新人口论”,受到当时权威的批判,但他说:“我决不向专以力压服,不以理说服的那种批判者们投降。”尽管他被迫辞去北京大学校长职务,全国人大常委之职也被罢免,公众的心中却并未消失,马老正直的身影和铿锵之声;历史证明,马寅初不媚俗,不迷信权威,他掌握了真理。

修炼正气,须能引领。大学不应脱离社会、孤芳自赏,而应当“与社会保持接触”,并“以自己的实力和声望”对科学和重大而紧迫的社会问题、社会现象进行研究,从而对社会可能采取的行动与对策产生影响。赫钦斯说:“大学是一个瞭望塔。”在改革社会中应发挥积极的作用,成为承担公共服务的必不可少的工具,应不惜一切代价加强各种创造性的活动,引领社会前进。普林斯顿大学原校长弗莱克斯纳认为:大学必须经常给予学生一些东西,这些东西并不是社会所想要的(want),而是社会所需要的(needs)。不管社会如何变化,在任何情况下,大学都有对于知识和思想保存的责任，能不断引领社会发展，而不是一味地适应社会。因此，大学领导者应有能力通过引领大学发展来引领社会发展。

底气是做人之本

【领袖语录】

不要把知识与智慧混淆，知识告诉你怎样生存，智慧告诉你如何生活。

一个优秀的领袖还必须有底气。底气是做人之根本、根基、根源。底气足，才有真本钱，才有发言权，才有凝聚力和号召力。底气的表现形式就是说话的分量、人格的魅力、个人的影响力，就是群众的归属感、信任感和敬仰感。作为大学领导者，必须要有充足的底气。有了充足的底气，才能确立威信，促进事业的兴旺发达，实现大学的价值。充足的底气需要磨练和积累，需要全身心地培育和修炼。

修炼底气，须立大志。底气源于理想和信念。理想和信念是大学领导者的基本内在修养。大学最根本的社会功能就是储存、创造和传递人类文明。大学要创造新的人类文明就要为了真理而追求真理。追求真理本身就是目的，因此，它天然地反对功利主义。大学还要负载价值，守望社会精神文明，给人类以极大关怀。因此大学领导者要树立追求真理、献身真理的大志向。要坚信我们所从事的事业是正义的事业，是伟大的事业，责任崇高而神圣，任务光荣而艰巨。

修炼底气，须善实践。能力是底气的表现。大学领导者在专业上要做专家，管理上要做行家，必须勤于实践善于实践。以华中科技大学历任领导者为例，他们都是善于实践的典范。朱九思提出“敢于竞争，善于转化”，“科研要走在教学的前面”，大力加强科学研究；杨叔子坚持“高筑墙，广积人”，大力加强师资队伍建设；周济实践“以服务求支持，以贡献求发展”，大力发展社会服务等。正是历届领导者励精图治，实践创新，硬是把一所名不见经传的大学建设成了一所国内外知名的大学。由此可见，大学领导者应该是实践者。他不一定是管理学科的专家，但深谙教育管理之道，善于行政管理，精于用人之道，具有解决和处理各类大学矛盾的能力。

他不一定是专门的政治家，但能够把握大学正确的发展方向，提出适合大学长远发展的办学思想与理念，用先进的办学指导思想推进大学的建设、改革与发展。

修炼底气，须敢成功。成功的大学，领导者会更有底气，有底气的领导者会把大学引向更加成功的境地。正是由于哈佛校长艾略特、劳威尔、柯南特、博克等人成功地将哈佛引向了成功，才使哈佛大学更有了底气；也正是哈佛大学的不断成功，才使哈佛大学的校长更有底气，从而进一步引领大学从胜利走向新的胜利。

大气是一种智慧

一个优秀的领袖还必须有大气。大气，就是大气度、大胸怀、大气魄，大爱心。大学应该有大气。江泽民同志在北大百年校庆时讲："大学，应该是培养和造就高素质的创造性人才的摇篮，应该是认识未知世界、探求客观真理、为人类解决面临的重大课题提供科学依据的前沿，应该是知识创新、推动科学技术成果向现实生产力转化的重要力量，应该是民族优秀文化与世界先进文明成果交流借鉴的桥梁。"完成这一使命，"大学的党委书记和校长，应该成为社会主义政治家、教育家。"因此，大学领导者应该有大气。

修炼大气，须有大视野。大学之大，根本取决于它的两大直接产品：学术和学生，以及铸成这两大产品的模具：学者、学长和学风。因此大学之大，乃在于学术之大、学生之大、学者之大、学长之大、学风之大。大学领导者要有宽广的视野、开放的精神，兼容并蓄，善于从复杂的现象中看到事物运动的基本态势，抓住基本规律，从眼前的利害中超越出来，突破经验的束缚，对社会需求进行全局的、客观的把握，穿透眼前，看到长远。大学发展的历程证明，大学领导者的视野往往决定大学的发展。纽曼的传统大学观把大学看作是"一个居住僧侣的村庄"，弗莱克斯纳的现代大学观把大学看作是一个城镇，而克拉克·克尔的多元化巨型大学观则把大学看作是"一座充满无穷变化的城市"。可见领导者的视野决定大学的视野。哈佛大学校长萨默斯以国际视野改革大学教育，强调哈佛新课程改革要给本科生更多的到国外学习的机会。

修炼大气，须有大胸怀。“一个人胸怀有多大，才能做多大的事业。”大学具有天然的包容性：首先是学科包容。大学包容了传统基础学科，还包容了跨学科、边缘学科和应用学科，甚至为那些已经乏人问津的学科以及尚未获得广泛承认的学科与知识领域留有一席之地。其次是学者包容。大学包容各种各样的学者和学生，甚至为个别行为、个性和思想方法奇特的学者创造宽松环境，使他们按自己的习惯从事活动。再次是学术包容，即包容学术上的各种不同见解。因此，大学领导者在办学理念上，要有开放意识和世界眼光，以昂扬的气势迎接各种挑战，以仁厚的情感容纳学生，以宽容的精神对待学术，以谦虚的心灵接纳新知识；要在选用人才上，有“海纳百川”的大气，以开放的胸怀招揽人才，以宽广的眼光选用人才；在具体工作上，要有团结友爱的胸怀、互以对方为重的风格，要搞五湖四海，不搞小圈子，做到坦坦荡荡、光明磊落，容人、容事、容言。如果说大楼、大师是大学的硬件，大气则是软件，软件与硬件同样重要。在一定意义上，甚至可以说软件比硬件更重要。1953 年出生的安德鲁·怀尔斯，10 岁时对世界难题费马大定理着了迷，于是立志搞数学。他 32 岁成了普林斯顿大学教授后好像突然消失了，学术会议不参加了，论文也没有，有人说他江郎才尽了，有人说应该解聘他，但普林斯顿大学校长不为所动，仍然聘他为教授，表现出了大学的大爱，终于在 9 年后的 1994 年，安德鲁·怀尔斯破解了费尔马大定理，轰动世界，也使普林斯顿大学声名远扬。

> **【领袖语录】**
>
> 气不和时少说话，有言必失；
> 心不顺时莫做事，做事必败。

修炼大气，须有大手笔。有了大手笔，才会有大发展。大手笔，要有大气魄，要有超越、怀疑、批判精神。要超越各种形式的禁锢和守旧观念，挑战各种历史理论和权威，深刻批判与反思，进行前提性追问、主体创造与建构。正是因为洪堡的大手笔才使柏林大学得以振兴，成为研究型大学的

【领袖语录】

遭遇鄙视是因为你对别人有威胁，或者有价值，是值得欣慰的。

楷模，从而使大学具有科学研究的职能；正是范海斯的大手笔，提出“威斯康星州的边界就是威斯康星大学的边界”，才使美国大学得以崛起，从而使社会服务成为大学的第三大职能；也正是蔡元培的大手笔改造旧北京大学，才使北京大学焕发出新的青春活力，成为真正意义上的现代大学。大学领导者要有大手笔，就要敢于有所为，有所不为，有所舍弃，敢于砍掉不适合自己学校发展的东西；有所为，有所先为，有所后为，敢于在自己的位置上创新、创造不可替代的业绩。

锐利的士气

一个优秀的领袖还必须有锐气。《淮南子·时则训》所说的“锐而不挫”，彰显的是不畏困难和挫折的精锐士气。锐气就是要有一股子劲，始终保持一种向上的进取姿态，保持高昂的工作热情和工作韧劲。锐气就是在成绩面前不忘乎所以，在困难面前不灰心丧气，不断适应新形势，研究新情况，解决新问题，做到“苟日新，又日新，日日新”。有锐气，才能有所作为，有所建树。

修炼锐气，须讲批判。大学是知识传递与生产的场所，是新思想的重要发源地。不论是知识的传递与生产，还是真理的探求，都应该建立在大学批判责任基础之上。德国社会学家海因兹·迪特里奇尖锐地指出：“今天的大学是一些被阉割了的机构，大学教育脱离大多数人的生活现实，研究质量低下，教育道德沦丧。”作为大学领导者要弘扬大学的批判责任，鼓励和支持大学继续扮演那种绝对真理、社会公正和道德良心守护神的角色。

修炼锐气，须讲创新。加拿大阿尔伯塔大学校长罗德里克·德·弗雷泽认为，大学领导者的主要职责有三项：第一，吸引最好的学生到学校读书；第二，吸引最好的教职员工到学校工作；第三，为教职工、学生提供足够的资源，营造积极的氛围，使师生能够有效地学习、创造性地开展学术与科研工作，保证他们发挥最大潜力。大学要做好这些工作，没有具备创新意识和创新能力的领导者是不行的。创新是大学保持生命力的关键所在。历史证明，不满足于现状，勇于改革和创新是优秀大学领导者共同的特征之一。哈佛大学原校长劳威尔说在他任校长的24年里，有四大创新：一是设立主攻课和基础课制度，二是设立住宿学院制度，三是设立导师制度，四是设立荣誉学位制度。这些都为哈佛大学的进一步发展奠定了基础。

修炼锐气，须养个性。牛津大学原校长纽曼是一个有个性的校长。他认为：大学是传播普遍性知识的场所。知识本身即目的。教育是理智的训练。大学是为传授知识而设的，“如果大学是为了研究，我不知道大学为什么要那么多学生”。他的个性造就了牛津大学的辉煌。柏林大学原校长洪堡认为，大学的基本组织原则就是两条：自由和宁静，教师和学生为科学而共处，自由地进行各种学术上的探讨。他的个性使柏林大学很快崛起。威斯康星大学原校长范海斯认为，大学的基本

【领袖语录】

没有人可以打倒你，打倒你的只有你自己。

任务是把学生培养成有知识、能工作的公民；进行科学研究，发展创造新文化、新知识；传播知识，把知识传授给广大民众，使他们能够运用知识解决经济、生产、生活、政治等方面的问题。这种理念引领大学走出了古典大学的围墙，使大学获得了新的生命。曾经被毛泽东评价为“学界泰斗，人世楷模”的蔡元培，不仅提出了“囊括大典、网罗众家，思想自由、兼容并包”的著名办学方针，铸就了“北大精神”，更重要的是，他具有“外和内介、守正不阿，勇于任事、敢于负责，宽容大度、民主平等，严于律己、廉洁奉公”的个性，改造北大，铸就了北大的辉煌。

领袖素质

远大的理想。纵观历史中的领袖都有远大的抱负，所谓吞吐天地之志。拥有这样的理想才能塑造其人格魅力。人们追随他，绝不仅仅因为他长得帅，而是因为他能带给人们希望，给人们一个远大而美好的憧憬。

大学在青少年成才中的作用

大学箴言

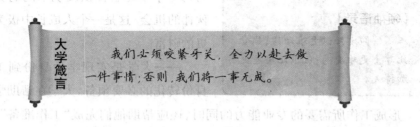

我们必须咬紧牙关，全力以赴去做一件事情；否则，我们将一事无成。

做一个知书达礼的人

大学可以让我们自我发展与完善，大学不仅能帮助学生“读书明理”，更能帮助学生提升修养、品质、智慧。大学教育对于年轻人形成人生观、社会价值观，对于发现和理解生命的意义和人的社会价值有极大的作用。大学是人们的精神家园。

青少年作为明日的社会精英，在大学期间除了读好本科课程外，亦应把握所有机会与同窗多交流，多沟通，以培养人际沟通技巧，学习聆听，也多表达意见。这些同侪间的互动、不断的切磋砥砺，对于培养个人自信心、提高分析和自省能力都有莫大裨益。

大学在现代已经逐渐发展成高等教育系统，由各种类型的高校组成，不同类型的高校的社会职能与社会定位、人才培养目标、对学生的要求、教育教学模式各不相同。就读不同的高校通常与不同的职业生涯发展有着较为密切的联系。选择大学，应当是个人对大学意义与价值和自身发展设想充分认识基础上的理性判断。从一般意义上讲，今天的大学至少能为学习者提供以下服务。

——大学是探究未知世界的场所。具有好奇心的年轻人与致力于探究未知世界的教师结成共同体，大家志同道合，在满足好奇中推动人的发展和社会发展。这样的职能是其他社会机构无法替代的。

——大学是年轻人交往的地方。大学把四面八方、有着各种文化背景、生活体验与经历的学生汇集起来，让年轻人相互交往并且相互学习，为每一个学习者提供发现不同的交往伙伴的机会。这是一个人成长中极为宝贵的财富。

【领袖语录】

信仰比知识更难动摇；热爱比尊重更难变易；仇恨比厌恶更加持久。

——大学是实现学生身份到工作身份转化的必要预备。大学在帮助学生形成工作所需要的专业能力的同时，还应帮助他们完成“工作准备”，形成个人就业的“配置能力”（个人在就业市场上发现机会、自我判断、抓住机会实现就业的能力）。大学对学生在心理、文化、人际交往、专业等方面的训练，正是为了能有这样的“配置能力”。这是推动学生转型为“职业人”的社会化过程。

——大学帮助年轻人获得安身立命的专业能力。高等教育往往决定多数人终身的专业方向和职业领域，它帮助学生形成专业化的劳动能力，在今天这样分工高度专业化的社会，专业教育具有关键作用。

做适应社会需要的人

现代大学将越来越难以提供人们曾经期待的那种“社会地位配置”作用，而“回归”教育机构的本质。所以，大学生要认真把握大学能提供什么和自己需要什么，在大学里努力提升综合素质和专业能力，给自己的未来加注尽可能多的“能源”。

随着世界格局的变化，特别是东西方阵营的瓦解和各国发展模式的调整。原有政治主导或经济主导的状况相应改变。大学的普及成为影响青少年发展的重要因素，也引起青少年组织与社团的高度重视。大学为青少年学习提供动力的同时，为青少年组织与社团开展各种服务、活动、教育提供了机遇。

领袖素质

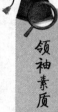

超常的适应能力。领袖的路并不一定是一帆风顺的。有前呼后拥的壮观场面，也有独自一人的低谷阶段。能够适应时局的起落变化，不被挫折打倒，不被胜利冲昏头脑是领袖的生存之道。

伟人的性格特点

大学箴言

坚持下去，成功就在下一个拐角处等你。

非智力因素的作用

现代心理学研究表明，一个人的非智力因素(性格是其中一个重要方面)在一个人的成才中占有十分重要的作用。一个人具有优良而成熟的性格就能最大限度地发挥自己的精神力量，并能与环境中的他人建立和谐良好的关系。一个人的性格还是其自身品德、世界观的具体标志，是其精神面貌的综合反映和集中体现。

有人对享有盛誉、成就卓著的领导人的性格进行了研究，发现他们共同的性格特征是：实际、客观、求善、创新、坦诚、结交、爱生命、重荣誉、能包容、富有幽默感、悦己信人。这些性格特征是他们造福于人类的信仰的体现，对支持他们始终如一地为实现信仰而奋斗起了重大作用。

美国心理学家台尔曼对150名事业有成人士进行研究，发现性格因素与他们的成功有着密切关系。他们往往具有以下共同性格特征：第一，为取得成功的坚持力;第二,善于积累成果;第三,自信心强;第四,不自卑。考克斯对1450年至1850年400年间所出现的301位伟人进行研究,发现他们都有以下优秀性格特征:自信、坚强、进取、百折不挠等。

在社会实践中,对不同职业者还有不同的职业性格要求。例如,做医生要有严谨、认真、细心、安定的性格;做企业家要有独立、进取、坚强、开放、灵敏等性格;而作为军人就要有勇敢、坚强、果断、自制、机智等性格。不具备相应的职业性格特征的人,往往难称其职。

在日常生活和人际交往中,热情、真诚、友善的人受欢迎,生活也幸福;冷漠、虚伪、孤僻、不负责任的人受冷落,生活也多有不幸。

信念的作用

信念,是一种心理因素。信念领导力是战胜挫折、赢得机遇的前提,也是切实的方法。自信的人首先忠诚于自己的信念,这种信念融入你的言行、举止,让你的举手投足都在辅助你的语言所表达的信息,因而让人们相信你的能力和人格。作为一个领导者,信念坚定是战胜工作中的困难,力排干扰,把握时局,打开局面,果断决策和树立领导威望的一个重要的心理优势。

有了信念,才能以最佳心态开展工作、履行职责;有了信念,才能以饱满热情开创事业、完成使命。运动员在赛场比赛,要争得第一,争得一流,不可没有信念;求职者在人才市场应聘,要技压群芳,求得赏识,不可没有信念。一名领导干部,无论是作竞职演讲,还是就职表态,必须保持良好的心理素质和精神状态,以坚定的口气、热情的态度、积极的表现来赢得上级和群众的支持。

自信是一种认识和态度

自信是一种认识和态度,也通过人的风格来表现。美国形象设计大师鲍尔说:"成功男人的风格反映在外表,而优雅来自内在,它是你的自信及对自己的满意,它通过你的外表、举止、微笑展示。"自信并不一定是天生具有的，它可以通过后天的培养而产生。如果你在生活中认真观察，你会发现这种自信是有感染力的。

心理学家发现，外向的性格和信念是吸引和保持朋友的重要原因。由于自信，朋友和同事愿意跟随着你，上司也会对自信的人高看一眼。因为你具有自信的气势，让别人相信你能把任何事都变成现实。然而信念却不一定需要用语言来表达，它通过你的神态、语气、姿势、仪态等等，无声无息地、由里向外地散发着魅力。

领袖素质

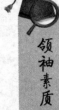

服务大众的态度。领袖并不一定要用暴力主宰一切，事实上暴力统治一般不能长久。长久的领导艺术需要懂得如何服务大众，满足大众。

大学为伟人提供了成才的环境

大学箴言

所谓人才，就是你交给他一件事情，他做成了；你再交给他一件事情，他又做成了。

环境对人的心理和行为具有普遍制约作用。系统论认为，环境是第一个在系统周围能够广泛产生作用的场所和条件。人的心理机能是对环境的长期适应的结果，人的心理和行为取决于当前的刺激、个性特征、整个环境及特征。同时，环境与人的心理和行为是相互作用的，这种关系不仅表现在人类生存的自然环境与人的心理与行为的相互作用，也表现在社会环境与人的心理和行为的相互作用，环境对人的心理、行为产生普遍的制约作用，人的心理、行为又导致环境的改变。

心理学家考夫卡在其《格式塔心理学原理》一书中提出环境分为现实的地理环境与个人意想中的行为环境，他认为行为产生于行为环境，受行为环境的调节。另一位心理学家勒温在《拓扑心理学原理》一书中提出

动力场理论，该理论中的生活空间是指人的行为，也就是人和环境的交互作用。勒温所指的环境是指心理环境，是与人的需求相结合在人脑中实际发生影响的环境，由于人的需求的作用，使生活空间产生了动力，勒温称为引力或斥力。由于生活空间具有的动力，人的行为就沿着引力的方向向心理对象移动。

大学为伟人们提供了一个“宽松”与“紧张”适度平衡的环境。大学的环境往往会创造出一种特有的氛围。耶鲁大学模仿英国牛津大学和剑桥大学的模式，从20世纪30年代开始实行的“住宿学院”制沿袭至今，每个“住宿学院”有300～500名本科生，男女比例对等，配有院长和学监各1名。12个“住宿学院”拥有自己的餐厅、客厅、庭院、图书馆、娱乐室等。学校希冀借此使其学生所受的教育不仅仅局限于课堂知识，而且注重在起居社交时学到做人的道理，并从中获得终身的友谊。

列别捷夫曾说，“平静的湖面，炼不出精悍的水手；安逸的环境，造不出时代的伟人。”在这个高等教育良莠不齐的时代，一所真正的一流大学所能为国家和民族乃至整个社会做出的贡献是不可估量的。

领袖素质

引导舆论的能力。不得不承认，所有的领袖都要有非常好的口才。他必须时刻掌握舆论导向，让思想意识统一在自己的领导方向上。在管理学中，领袖是人际角色中的一类，有着激励和指导团队成员的责任。

第一章　认识哥伦比亚大学

哥伦比亚大学教育目标：将年轻一代学生培养成为具有渊博的人文和科学知识以及高超的语言能力的高等人才。

第一课 哥伦比亚大学的历史

哥伦比亚大学位于美国纽约市曼哈顿，于1754年根据乔治二世颁布的《国王宪章》而成立，属于私立的常春藤盟校，由3个本科生院和13个研究生院构成，哥伦比亚的校友和教授中一共有97人获得过诺贝尔奖。

走近名校

“她的学生在联合国学政治，在华尔街读金融，在百老汇看戏剧，在林肯中心听音乐。她是美国最古老的五所大学之一。欧元之父蒙代尔在这里留下光辉的足迹，基因学的奠基人摩尔根在这里掀起生物界最彻底的革命！”美国新闻界至高无上的普利策奖在这里诞生。

这里拥有美国第一所授予博士学位的医学院。美国前总统罗斯福，联合国前秘书长加林曾在这里求学，胡适、徐志摩、李政道等著名学者在这里留下了青春的脚步。250年来科学与艺术是她永恒不变的主题！

哥伦比亚大学(Columbia University)是世界最具声望的高等学府。它位于美国纽约市曼哈顿的晨边高地，濒临哈德逊河，在中央公园北面。它于1754年根据英国国王乔治二世颁布的《国王宪章》而成立，命名为

国王学院，是美洲大陆最古老的学院之一。同属皇家宪章的还有达特茅斯学院和威廉玛丽学院。

1784年曾改名为“哥伦比亚学院”，美国独立战争后为纪念发现美洲大陆的哥伦布而更名为哥伦比亚学院，1912年成为哥伦比亚大学。

哥伦比亚大学属于私立的常春藤盟校，由3个本科生院和13个研究生院构成。现有教授3000多人，学生两万余人，校友25万人遍布世界150多个国家。学校每年经费预算约20亿美元，图书馆藏书870万册。

哥伦比亚学院是美国最早进行通才教育的本科生院，至今仍保持着美国大学中最严格的核心课程。它的研究生院更是以卓越的学术成就而闻名。

整个20世纪上半叶，哥伦比亚大学和哈佛大学及芝加哥大学一起被公认为美国高等教育的三强。此外，学校的教育学、医学、法学、商学和新闻学院都名列前茅。其新闻学院颁发的普利策奖是美国文学和新闻界的最高荣誉。其教育学院是全世界最大、课程设置最全面的教育学院之一。

哥伦比亚大学历届毕业生和教职员中共有97名诺贝尔奖得奖者，于世界各大学中排名第一。

主要学院

研究生院及附属机构有：商学院、法学院、艺术学院、文理研究生院、社会工作学院、内科与外科医学院、公共卫生学院、牙科与口腔外科学院，护理学院，工程与应用科学研究生院，教育学院（或师范学院），联合神学院，犹太神学院，新闻学院，美国语言课程项目（ALP），哥大附属中小学校，哥大教育学院附属社区大学，圣路加罗斯福医院等。巴纳德学院(Barnard College)以原哥伦比亚学院院长费雷德里克·巴纳德的名字命名。

1889年10月，巴纳德在一间位于麦迪逊大街的租来的房子中成立，那时只有文学院，包括6位教职人员和14位学生。9年以后，学校搬到了现在的地址Morning side Heights。1900年，它被并入哥伦比亚大学的教育系统中，成为哥伦比亚大学独一无二的女子本科学院。属于哥大本科教育的一部分，出于历史原因保留独立的理事会、教职员工并运作其自身的捐助和设施，同时它又是哥伦比亚大学本科科系的一部分，共享教学、图书馆等资源，学士学位由哥伦比亚大学授予。

哥伦比亚大学师范学院（Teachers College）是世界顶尖的教育研究生院，教育大师，美国哲学之父杜威曾执教于此。该学院曾经培养了哲学大师胡适，我国人民教育家陶行知、幼教之父陈鹤琴、北京大学原校长胡适、蒋梦麟、马寅初，南开大学创始人张伯苓等许多中国近代杰出教育家，与中国教育有着悠久的历史渊源，对中国近代教育产生了深远的影响。学院作为哥大教育研究生院，为哥大科系的一部分，但由于历史原因保留相对独立的财政制度。

哥大教育学院图书馆是全球最大的教育类学术图书馆。哥大教育学院还是教育学博士培养制度，行为心理学派、实证主义哲学的诞生地，著名的生日快乐歌，黄校车也发源于此。此外，学院保留了百年以来的周五无课制度。

哥大附属联合神学院和犹太神学院（UTS&JTS）建于1836年，哥伦比亚大学神学院是全国最早的无宗教派别的神学院。作为哥伦比亚大学图书馆系统的一部分，联合神学院（Union Theological Seminar）的Burke图书馆是西半球最大的神学院图书馆，并服务于全世界的学者、宗教人士和学生。哥伦比亚大学神学院图书馆藏书量70万册。

哥伦比亚大学师范学院坐落于纽约繁华的曼哈顿岛上，毗邻全球闻名的多元文化社区哈林姆区与中央公园。学校附近环境怡人，地理位置优越，东临晨边高地公园，向西濒临哈德逊河，百老汇与阿姆斯特丹两条大街从南到北横

贯校园。

作为全球顶级的教育研究生院，也是世界上最大的教育学、应用心理学和心理健康学方面的综合性研究生院，师院在2007年《美国新闻与世界报道》全美教育研究生院排名中名列第一。

目前，学院下设有艺术与人文系、行为科学系、咨询与临床心理学系、课程与教学系、健康与行为研究系、人类发展系、国际与跨文化研究系、数学科学与技术系、组织与领导系等九大系，共有正式教员180余名，注册学生及培训教师5000余名，其中20%为全日制学位项目学生，其中35%的学生攻读博士学位，13%的学生来自全球80余个国家与地区，而校友则遍布世界170余个国家与地区。

哥伦比亚大学商学院坐落于世界金融中心纽约，依其独特优势与华尔街等金融界保持密切的联系。

商学院现有会计，决策、风险及实施操作，金融与经济，企业管理及市场营销等研究方向。其师资实力雄厚，拥有各相关领域的权威和专家，其中斯蒂格利兹（Joseph Stiglitz）教授在2001年获得诺贝尔经济学奖，并在1995～1997年期间担任克林顿政府总统智囊团顾问。

在《美国新闻与世界报道》两年一次和《商业周刊》年度的商学院排名中，哥伦比亚大学商学院一直名列前茅，是当之无愧的一流商学院(top tier)，尤其是金融分科，连续多年位列前三甲，多次名列第一。现任商学院院长格伦·哈伯德是国际知名的经济学家，拥有哈佛大学的经济学博士学位，曾任布什政府总统经济顾问委员会（the U.S. Council of Economic Advisers)主席、首席顾问。

享誉盛名的股市投资奇才沃伦·巴菲特，在哥伦比亚大学就读时即师从当时在哥伦比亚商学院任教的“价值投资学派”的创始人、现代证券分析之父——本杰明·格雷厄姆（Benjamin Graham）。格雷厄姆教授被誉为"华尔街院长"，他的"商品—储备货币思想"深得凯恩斯、弗里德曼等经济学家的认同。

哥伦比亚大学商学院高级管理人员培训教育，始终保持在《金融时报》等调查中排名前茅。2004年，在《商业周刊》美国高级管理人员培训项目（Executive Training Program）排名中，哥伦比亚大学商学院高管培训项目名列第一。

哥伦比亚大学商学院高管培训课程旨在通过对世界经济商务中最新理论和趋势等的研究，从而培养学员全球视野；创造和分享知识和经验，使管理人员与他们的团队创造更卓越的业绩。其高管培训分为个人申请项目和为企业相关需求量身定做的培训项目。

自1951年起至今，来自全球100多个国家1000多个企业公司的超过4.8万名高级管理人员从哥大商学院高管培训独特的视角、成效导向的教学方式中获益良多。负责培训的商学院副院长Ethan Hanabury 在接受《商业周刊》采访中谈道，"哥伦比亚大学高级管理人员培训教育，尤其在价值投资和金融方向是该领域的权威，始终保持领导者的地位。"

哥伦比亚大学有好多领域具有不可比拟的优势。其最大的价值在于它的课程和现实紧密结合（它的强项就是纽约的支柱产业）。

哥伦比亚大学的毕业生拥有最实用的技能，不需要很多的在职训练就能挑起解决问题的重任，不像其他学校出来的学生，虽然学了很多书本上的理论，但是离现实总是有一段距离。

哥伦比亚大学全年开设的选修课有将近300门，很多是由那些真正在市场里摸爬滚打的实业人士亲自教授的，他们的亲身实践经验是在别的商学院里得不到的财富。华尔街对哥伦比亚大学的毕业生非常偏爱。

哥伦比亚大学招生时非常注重实际工作经验。从学业讲，其优势巨

【专业设置】

学校开设了67个专业的学士学位课程，31个硕士研究生学位课程和27个博士研究生学位课程。

大：学到最前沿的知识、难得的实习观察机会以及“近水楼台先得月”（地处纽约）的天时地利。最大的缺点是昂贵的学费。

另外，哥大还有多所研究所。哥大著名的学院有建筑与城市规划学院、商学院、教育学院、国际事务与公共关系学院、新闻学院、法学学院、医学中心、护理学院和社会工作学院等，著名的研究生系有艺术史、天文、生物科学、化学、计算机科学、数学、物理、地质、心理学、社会学、哲学、政治学、宗教、电影、历史、经济学、英语、法语、西班牙语及东亚和中亚语言文学系等。

自1901年诺贝尔奖开始颁布以来，有97位曾经在哥大学习或工作过的学者获此殊荣（根据官方网站数据），居全世界大学之首。另外有7位美国科学家曾因其在创建于1927年的普平物理室的研究成果而获诺贝尔奖。

哥伦比亚大学小百科

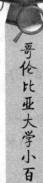

哥伦比亚大学是私立的常春藤盟校之一，由 3 个本科生院和 13 个研究生院构成。现有教授 3000 多人，学生两万余人，校友 25 万人遍布世界 150 多个国家。学校每年经费预算的 20 亿美元，图书馆藏书 870 万册。

第二课 哥伦比亚大学的发展历程

哥大师院坚持推动一流教师队伍建设，既倡导学术自由，又建立严格的质量标准引导本院教师专业发展，并认为自由探究与严格的同行评估是学院高水平研究与教学的根基。

悠久历史

哥大师院的创建与发展历史，在某种程度上代表了美国教师教育的发展史。师院创立于1887年，由著名慈善家格雷斯·H·道奇和哲学家尼古拉斯·M·巴特勒共同筹划创立，旨在为当时纽约市贫困学生的教师提供新型的培养方式，学校初名为纽约教师培训学校。至1892年，学院正式改名为师范学院并沿用至今，并于1898年并入哥伦比亚大学，成为其下的4所附属学院之一。

学院在成立之初，创校者便提出了与近代教育思潮迥然不同的观点。在整合人道主义理念与科学方法的基础上，创校者认为成功的教学除依赖专业教师在教材教法与专业知识的精通外，还需要专业教师了解学生在何种情况下能进行最为有效的学习。正是基于此种教育理念，学院在1890年初便推出了融合心理学、社会学的教育课程项目，成为全美第一所将教育活动推及社会关怀的学校。随后学院又开设了教育史学、比较教育学、教育管理学、教育经济学、教育政策学、临床与咨询心理学、发展心理学、认知心理学、课程研究等多个专业课程项目，至1904年杜威加盟学院

时，学院已在美国教育研究与教师培养领域颇具声望。

至创办以来，一大批蜚声海外的大师级学术领袖与知名人士曾在师院任教或求学，不仅造就了多个教育学术流派，还荣获了多个全美教育第一，为师院的发展积累了深厚的学术与文化底蕴。其中最为著名的包括实用主义哲学家杜威，动物心理实验的首创者、教育心理学体系和联结主义心理学的创始人桑代克，教育史学家孟禄，进步主义运动先驱克伯屈，教育生态学创始人劳伦斯·克雷明，艺术教育家亚瑟·道，教育哲学家玛克辛·格林，比较教育学领军人物康德尔、贝雷迪、诺亚和埃克斯坦，人类学家玛格丽特·米德，人本主义心理学家马斯洛、罗杰斯与罗格·梅，临床心理学家艾尔伯特·艾里斯，著名教育学者、心理学者李华梅等等。

在杜威1904年加盟哥大师院至1930年退休期间，他与一批教育史家、比较教育学家和教育心理学家一起，共同铸成了哥大师院的黄金时代，其最著名的著作《民主主义与教育》亦在这一期间完成，并创立了著名的实用主义教育哲学体系。

历史上，哥大师院还是美国教育史上的多个第一诞生地，它是全美护理教育的摇篮，第一个将心理学与社会学整合进入教师教育并将教育活动推广之社会关怀，全球第一个开设比较教育学课程并创建比较与国际教育协会，创设全美第一个课程与教学系等等。哥大师院自办学之初不久，便富有前瞻性地推出了学院的国际化发展战略，尤以学生队伍的国际化最为明显。也正由于此，它与近代中国教育发展亦是紧密相连，并对中国教育的发展产生了巨大的影响。

据统计，仅20世纪上半叶，便有约1000余名中国留学生曾在师院学习，其中获得博士学位者自1914年郭秉文从师院毕业成为中国第一位教育学博士为始，到1950年傅统先、朱启贤等人一同毕业便达45名之多。这些学成归国的学生后来大都进入中国的政界、文化教育界工作，并成为诸多领域的开创者和奠基人。其中的许多毕业生的名声至今听来仍然如雷贯耳，如国学大师胡适，人民教育家陶行知，中国幼教之父陈鹤琴，东南大学创校校长郭秉文、原北大校长蒋梦麟等及享有21世纪中国英语教学之母李华梅，均是近代中国教育界的叱咤风云人物。

学校建设

作为一所私立性的教育研究生院，哥大师院秉持杜威所言“教育是社会进步与改革的根本之道”的教育理念，经过一百余年的持续发展与不断创新，学院的各方面建设尤其是组织竞争力建设、社会资本开拓与积累等方面取得了长足的进步，为哥大师院的卓越与世界一流夯实了基础。

从一流大师到一流教科研服务

一方面，师院自成立以来一直非常注重师资队伍建设，聘请一流大师到学院任教已成为该院的优良传统，而良好的教科研条件与深厚的学术底蕴则吸引了一大批有才之士前来任教。大体上，学院所聘请的教授大都已是某个领域的知名教授尔后供职于师院，如新上任的学院院长苏珊·福尔曼教授便曾是宾夕法尼亚大学教育研究生院院长。而博士毕业即可任教于师院者寥寥无几，在哥大师院，连普通教授岗位的聘任也常常出现一个教授岗位数十人甚至上百人竞相应聘的情况。

另一方面，学院建立了严格的师资质量保障制度。新进教员若在合同期内未能通过本院实施的述职评估，则将在聘期结束后走人。新教员在连续获得两轮三年期聘任之后，可申请学院的终身教职岗位，值得一提的是正是这一“终身教职”制度在确保高层次教师质量与激励教员方面发挥了不可低估的作用。

教员申请终身教职至少需要提供以下多份教科研方面的能力证明：个人履历；最近3—5年工作情况包括教学工作、课程计划、学术活动、校内外服务情况、各级学术专业组织活动情况；至少一篇代表作或代表性成果；外院8位推荐人名单及联系方式；外系4位推荐人名单及联系地址；近2年所教课程清单和其中至少3门课程大纲；指导博士研究生名单；近几年工作过的院系主任姓名和联系方式；可提供你工作情况的人员名单；近几年所授课程学生名单与所指导博硕学生名单；及其他有助于评价教学、研究和服务情况的材料。而对候选人的评审则要经过系、院、校各负责人及专家委员会、校董事会的多级评审。高标准评估指标与严格的评审过程，有力地保障了学院师资的世界一流水平。

在世界一流师资的基础上，学院颇为关注本院的课程教学，并形成了自身办学特色。学院所设课程门类齐全，每个学期至少开设1000余门长短不一的课程供学生选修，人数一般在20人以内，以满足不同学生的兴趣需求。课程形式丰富多样，包括大量常规性课程，一部分非常规课程、专题学术会议型课程、短期工作坊课程、田野研究课程、海外寒暑假游学课程及50余门在线学习课程。

从教员授课的角度，一方面每位教师均会依据各自的研究方向与最新研究成果，在整个学年中至少会开设2门专业课程，至少2个周期性专题型研讨会(seminar)供学生选修，以现任比较与国际教育协会主席、学院威廉·克伯屈教育经济学讲座教授亨利·莱文(Henry M. Levin)为例，本学年他开设了3门教育经济学专业课程及两个国际与跨文化专题研究研讨会。另一方面，教授们非常注重课程本身的设计与实施，不仅在每门课的课程大纲上详细说明了每次授课的内容、阅读材料与作业要求，而且非常注重学生提问、课堂讨论与引导学生进行深入思考；不仅注重引导学生阅读本领域的经典著作、论文，而且关注本研究领域的最新研究成果与发展趋势；而课程中要求学生完成的作业则紧密结合本课堂中所新学的理论与分析方法，以进一步促进学生对本课程内容的认知与理解。

除课堂教学之外，学院非常注重教员与学生的科研工作，积极引导教员与学生开展各类跨学科性、具有理论前瞻性与创新性，或具有重大实践应用价值的研究，并提供充分的财政与学术资源支持，引导学院教科研服务创新集群的发展，各类科研成果极其丰硕与卓著。

一方面，学院成立了近百个实验室、研究所或研究中心支持教员开展各类研究，并为全美尤其是纽约周边地区提供各类科研服务，其中包括多个全国性重点研究中心，如全美卓越教学研究院，全美中等后教育研究中心，全美教育、学校与教学重构中心，全美教育私有化研究中心，全美儿童与家庭研究中心等，形成了学院特有的教科研服务集群。另一方面，学院积极提倡教员开展各类跨校跨国性合作研究，同时欢迎世界其他地区与全美其他高校的教员到学院作访问研究，而举办各类国际性学术会议与院内研讨会，则为本院师生的全球性学术对话与跨专业学术对话提供了舞台，仅2008年3月份，学院就主办了两次国际性的学术会议，即比较与国际教育学会第52届年会与全美高级课程研究协会第7届学术研讨会，与会人员达2000余人，而院内研讨会则是常有之事。

全方位满足学生需求

第一，除开设大量学术性与实践性课程满足学生专业学习的需求外，学院不仅有针对性地对国际学生开设了大量语言类与美国文化类课程，

【满足学生需求】

作为私立性研究生院,"学生"的各方面需求是学院管理与政策制定的重要基石,为此,学院努力创造各类条件满足学生的多样化需要。

而在满足学生的日生生活、社交等方面同样服务周到。

每学年新学期之初,学院均要举办为期一周的新生适应周,一方面帮助学生适应新的学习环境,另一方面在新老生之间架构桥梁,由老生介绍的各类学习经验与研究心得常使新生获益匪浅,有助于新生快速进入学习与研究角色。由学院提供的新生手册犹如一本百宝全书,诸如学业要求、学院规章制度、各类学术资源、生活与娱乐资源、纽约城市生活信息、安全指导等无不一一清晰说明。

第二,在满足与促进学生的专业科研方面,学院除提供各类科研经费资助、教授提供科研指导外,积极搭桥牵线,引导学生参与各类校外机构的科研项目,并鼓励学生到各类科研机构实习、海外教育考察、参加国际性学术会议等。为满足学生科研过程中的专业支持需求,学院下属的学术、计算与技术服务中心在每学期内周期性地提供各类包括质的研究与量的研究方法、计算机专业技术、学术与语言规范等方面的额外课程培训,致力于对学生不同科研时期的专业发展需求提供专业支持。

第三,学院为学生的学习与科研提供了良好的学术资源支持。学院的高泰斯曼图书馆是全美馆藏最多、最具综合性的研究型教育图书馆之一,除购买大量专业数据库与电子图书以外,图书馆的印刷类馆藏资源多达50余万卷,内容广泛收集全美及世界其他国家与地区的教育类、心理类、健康类专业文献。

图书馆珍藏典籍部则收藏了西方15—19世纪期间的大量教育文献。收藏全球各国教科书收藏是图书馆的一大特色,包括1900年之前全美中小学教科书以及20世纪全美与世界主要国家的中小学教科书,适合儿童阅读的小说类读物也大有收藏。中国各个历史时期的教材在该图书馆也均有收藏。

国际化战略与多元文化融合

第一,学院积极倡导教师队伍的国际化,一方面积极聘请具有国际背景的教师，充实教师队伍的“生态多样性”，表现在现任教师中绝大部分教师均有海外研究、教学、访学或领衔国际教育研究项目的经历，其中相当一部分教师出生于海外或在海外大学获得博士学位。另一方面学院积极欢迎本国与世界其他国家与地区的知名教授前来讲学与合作研究，丰富与开拓学院的教科研领域。

第二，传承学生队伍国际化与营造多元文化社区。学院一方面传承生源国际化的历史传统并加大生源的国际化力度，近年来，学院一直在扩大国际学生的招生比例，以中国大陆籍学生为例，已由2001年25人增加到2007年的73人。

与此同时，学院积极鼓励学生走出美国，前往世界其他国家与地区开展游学与实地研究，参与各类国际性组织、非营利性机构的跨国研究。另一方面努力营造多元文化社区，以促进不同种族、国家学生的多元文化融合。在这方面，学院多元文化活动的形式与内容更是花样繁多，如学院的国际学生办公室在每年的4月与11月均会举办一次为期一周的国际教育文化周，前者一般以学术性跨文化交流为主，而后者则更为关注各国的风土人情诸如饮食生活习惯等方面。

【办学模式】

作为世界知名学府，国际化与多元文化融合一直是学院可持续高质量发展的重要战略之一。

此外，为促进学院的国际化发展，学院近来已在日本东京开设了哥大师院东京分校，提供英语语言教学类硕士文凭课程。

得天独厚的社会资源优势

学院所在的纽约市是国际经济、金融、艺术、传媒之都，联合国总部与各类国际性组织总部所在地，也是全球最具特色的移民城市之一，约有180余个国家与地区的移民在此生活，这一丰富多元的人文社会资源极大地方便了学院的科研活动与学生实习。

一方面，因地缘优势，学院承担了大量由联合国与各国际组织所委托进行的科研项目，同时本院学生可极为便利地获得去上述机构进行实习的机会。另一方面，移民城市的种族与民族多样性、流动性及阶层多元化，为学院教员与学生的各类教育研究提供了世界上最大最多元的教育研究与实验土壤，为各类研究提供了便利。此外，纽约市还为学生提供了大量非正式教育机会，学生们可广泛利用各类戏剧院、博物馆、音乐会、讲座或大型会议等获得学习机会。有一句话形象地点出了这一点："哥大的学生在华尔街学经济，在联合国总部学政治，在百老汇看戏剧。"

与学院附属关系的哥伦比亚大学，也为学院100余年的发展与繁荣提供了得天独厚的条件。哥大创建于1756年，属常青藤盟校成员之一，也是全美历史最为悠久的著名学府之一，其综合学术水平位居全美前十。基于彼此之间的资源共享与课程互选，不论是学院的教员还是学生，均从这一附属关系中获益良多。

除此之外，学院非常关注本院校友的社会资源开发，同时加强了校友之间的学缘联系。分布于全球各地、各类社会政府机构的近10万校友，每年为学院捐赠大量物资与经费促进学院的教科研发展。2008年2月，学院获得了一笔有史以来的最大捐赠总额2000万美元，用于支持学院的独立学校教育项目的科研活动。

哥伦比亚大学小百科

以"在上帝的神灵中我们寻求知识"为校训的哥伦比亚大学，是美国最古老的"常春藤联盟"成员之一。

整个 20 世纪上半叶，哥伦比亚大学和哈佛大学及芝加哥大学一起被公认为美国高等教育的三强，学校的医学、法学、商学和新闻学院都名列前茅。

美国的新闻、文学、艺术领域的最高荣誉——闻名全球的"普利策奖"，就是由哥伦比亚大学新闻学院主持颁发的。

第三课 哥伦比亚大学名人榜——罗斯福

伟大的思想只能对有思想的心灵诉说，而伟大的行动却可以对全人类述说。

罗斯福的早年生涯

1858年10月28日，西奥多·罗斯福出生在纽约市，他是老西奥多·罗斯福与马撒（米蒂）布洛克的第二个孩子，有兄妹四人。父亲是银行家。罗斯福家族自17世纪便居住于此，美国革命后，进入商人阶层。

18世纪，从进出口贸易中积累了财富。西奥多·罗斯福年幼多病，患有哮喘。尽管体弱，他喜欢户外活动，对动物学尤其感兴趣。为了不受其他孩子的欺负，他的父亲迫使他进行身体训练，并且学习拳击。

罗斯福的学业方面，历史、生物、德语和法语是其强项，而数学、拉丁语和希腊语则表现不佳。1876年，罗斯福进入哈佛大学。1878年他的父亲去世，他在各个方面也更为努力。

罗斯福在科学、哲学和修辞学成绩良好。他对生物学兴趣浓厚，并且小有成就。罗斯福养成了大量阅读习惯，记忆力惊人，并且非常健谈。在哈佛，他是个俱乐部活跃分子，热衷于各类体育活动。

毕业时，体检医生告诉他，应该找个坐办公室的工作，因为他的心脏有问题。但他无视医生的警告，仍然喜欢剧烈运动。1880年，罗斯福从哈佛毕业，进入哥伦比亚大学法学院。

1881年，他出版了第一部正式著作《1812年战争中的海战》，这本书成为美国海军学院必修课材料。1881年他得到进入纽约州下议院的机会，于是他从法学院退学，开始公务生涯。

在北达科他的牧场，罗斯福学会了骑马等牛仔技能。闲暇时他参加拳击赛。有一段时间，他担任了代理警长，追捕盗窃犯。1886—1887年严寒的冬季灭绝了牧场的牲口，于是他被迫返回东部。1886年，罗斯福作为共和党候选人竞选纽约市长，得票数名列第三，远远逊于对手。

此次选举后，他去了伦敦，与青梅竹马的恋人伊狄斯·卡柔结婚，生有四子一女。在欧洲度蜜月期间，罗斯福攀登了勃朗峰，他领导的探险队是历史上第三个登顶团队，这一成绩使他被英国皇家学会吸收为成员。

18世纪80年代，罗斯福作为历史学家成就辉煌。他的著作《1812年战争中的海战》成为两代人的教科书。关于西部开发史的四卷大部头著作《The Winning of the West》也是其代表作，对史学史有重要影响。他为主流杂志撰稿，收入颇丰，也使他作为知识分子而闻名海内。后来，罗斯福当选为美国历史学会主席。

尽管晚年疾病缠身，罗斯福仍保持乐观的生活方式。他是童子军活动的积极推动者。美国童子军总会授予他“首席童子军公民”称号，他也是唯一获此头衔者。

1919年1月6日，罗斯福在自己的居所内平静地离世，享年60岁。收到他去世的消息后，他的儿子亚齐给亲友们发电报说：“老狮子去世了。”

西奥多·罗斯福的成就及荣誉：美西战争期间，由于罗斯福在古巴的圣胡安山战斗中表现英勇，他的上级指挥官建议授予他荣誉勋章，但该指挥官后来又向陆军部发电报，投诉罗斯福从古巴撤军时行动迟缓，又使这枚勋章成为泡影。

1990年，罗斯福的支持者们对国家档案馆和美国陆军的相关记录提出复议。2001年1月16日，克林顿总统追授罗斯福荣誉勋章。罗斯福的小儿子小西奥多·罗斯福中将由于1944年的诺曼底登陆战役中的英雄表现也获得荣誉勋章。罗斯福父子均获此项荣誉，在美国历史上这样的家庭仅有两个。

1927年，罗斯福与乔治·华盛顿、托马斯·杰斐逊、亚伯拉罕·林肯并列雕刻在拉什莫尔山的美国总统纪念公园。

生平履历

西奥多·罗斯福(Theodore Roosevelt)1858年10月27日生于纽约市一个富商之家。18岁时考入哈佛大学。1880年毕业后入哥伦比亚大学法学院，一年后退学。1882～1884年任纽约州众议员。1895～1897年任纽约市警察局局长。1897年被任命为助理海军部长。

1898年当选为纽约州州长。1900年被共和党全国代表大会提名为副总统候选人，获胜当选。1901年9月威廉·麦金莱总统遇刺身亡，依法继任总统。1904年再次竞选，又获连任。1909年卸任，去非洲科学考察。

1910年任《展望》杂志副主编。1912年6月在共和党全国代表大会上与

塔夫脱竞选总统候选人提名失败。另成立民族进步党，以雄麋为标记。该党提名他为总统候选人。由于共和党发生分裂，民主党人威尔逊获胜。不久，他又重入共和党，民族进步党自行解散。1913～1914年去南美旅行，率领探险队到巴西亚马孙河热带丛林探险。1919年1月16日病逝。

公务生涯

1888年总统大选时，罗斯福在中西部为本杰明·哈里森助选。哈里森当选总统后，任命罗斯福到美国公共服务局就职。1892年大选中哈里森落败，虽然罗斯福是前总统的支持者，当选总统格罗弗·克利夫兰仍然将其留任。

1895年，罗斯福出任纽约市警察总局长。他任该职务两年，对警察局的运作施行了激烈变革。当年的纽约警界非常腐败，罗斯福采取了大刀阔斧的措施：定期巡查消防设施；对警员进行年度体能检测；新警员招聘严格依据体能和智力标准而非政治关系；招收少数民族和妇女警员；关闭导致腐败的、警方运营的商业设施；在所有的分局安装电话等等。

罗斯福自幼对海军和海战史十分着迷，他的两个舅父都曾在南北战争时期服役于邦联海军。罗斯福于1880年结识了美国海军上校马汉，后者于1890年出版的《海权对1660–1783年历史的影响》研究了制海权与大国兴衰的关联，海权至上的思想深刻影响了当时的各国领导人，也强化了罗斯福的信念：只有急剧扩张海军力量才能与欧洲列强平起平坐。

1897年威廉·麦金莱总统任命他为海军部副部长。海军部长约翰·隆（John Long）长期称病、不理政事，麦金莱对海军也不感兴趣，以至罗斯福大权独揽。他致力于海军现代化，并且大力推进美国的造舰能力。他的工作为未来的美西战争做了出色的战略准备。

1898年2月15日，美国海军“缅因”号战舰在哈瓦那港被击沉，罗斯福认为将西班牙势力驱逐出古巴和菲律宾的天赐良机到来

【主要著作】

《文学及其论文》（1913年）
《西奥多·罗斯福自传》（1913年）
《穿过巴西荒原》（1914年）
《美国和世界大战》（1915年）
《尽你所能敬畏上帝》（1916年）
《国力和国际义务》

了，虽然麦金莱并无此雄心。这一事件发生后的第十天是星期五下午，约翰·隆因故临时不在办公室，罗斯福越俎代庖，向海军加勒比海舰队司令和停泊于香港的舰队发出战备命令。隆部长事后对此越权行为也无意追究。

4月25日美国国会向西班牙宣战，美西战争爆发，美国海军的两支主力舰队早已整装待发，罗斯福大显身手的时刻到来了。美国海军在马尼拉湾和古巴圣地亚哥取得决定性胜利，彻底摧毁了西班牙远洋舰队，从此西班牙沦落为列强中的小角色。

罗斯福不满足于在后方观战，他辞去海军部的文职工作，组建了一个包括西部牛仔老朋友和东部常青藤老校友的兵团，号称美国第一志愿骑兵旅，佩中校军衔，后晋升为上校。虽然号称是骑兵，罗斯福是该部队唯一有马可骑的人。在1897年古巴境内的两场战斗中，该旅战绩显赫。2001年，国会追授他荣誉勋章。

从古巴归来后，罗斯福再度进入纽约政界，1898年当选为州长。1900年大选，共和党推举他做麦金莱的副总统候选人。麦金莱赢得了大选，罗斯福也跟着进了白宫。不过，副总统这个闲差对于罗斯福这样的人而言，显然非常无聊。这段时期，他给人留下印象的行动是，在一次演讲中说出能表达其行事作风的名言："温言在口，大棒在手。"

罗斯福的政治生涯

1904年罗斯福出任总统后，他采取了以下政治措施：

1902年，美国矿工联合会发动煤矿工人大罢工，威胁城市取暖燃料供应，引发了一场举国危机。罗斯福召集矿主和劳工领袖在白宫开会，达成

【出任总统】

1901年，麦金莱总统被无政府主义者刺杀，9月14日不治身亡。罗斯福补位登上总统宝座，成为美国历史上最年轻的总统。他是没有指着《圣经》宣誓就职的总统。他在第一任期保留了前总统的内阁，1904年连任后，他的政治倾向开始偏左。

妥协，将工作时间从每天10小时缩短到9小时，并且让工人得到10%的加薪，结束了持续163天的罢工。

1901年，在罗斯福的第一个对国会演说中，他要求国会立法，对托拉斯的经营活动给予合理的限制。国会未采取行动，但是罗斯福却发起44个针对大企业的法律诉讼，因此人送外号“托拉斯驯兽师”。

1904年总统大选时，罗斯福在共和党内的主要对手病逝，遂使他轻而易举获得党内提名，并赢得大选。

20世纪初，铁路被视为强大的力量。罗斯福认为政府应加强对铁路运输和跨州贸易的监管和规范，使国会于1906年通过了《赫本法案》，授权州际贸易委员会设置铁路运费上限，同时也禁止铁路公司为关系公司免费运输货物。

当时无人预料到未来蓬勃的汽车运输业对铁路的挑战，该法案对消费者和商业企业提供了一定程度的保护。同年，他还促使国会通过《食品和药物纯净法案》和《肉类产品监督法案》，对养畜和肉类加工企业进行稽查和实施强制卫生标准。国会修正了该法案，以免小型屠宰场的不合卫生标准的产品损害出口和国内市场。

罗斯福是第一位对环境保护有长远考量的总统，在猎人和渔民阶层获得了广泛支持。1904年3月14日，他在佛罗里达设立了第一个国家鸟类保护区，也是野生动物庇护系统的雏形。

1905年，他敦促国会成立美国林业服务局，管理国有森林和土地。罗斯福设立的国家公园和自然保护区面积比其所有前任所设总和还多，共1.94亿英亩，举世闻名的大峡谷国家公园就是其中之一。

他常给《户外生活》杂志撰稿，昭示自然保护理念和报告国家公园进展。他在一篇文章中写道：“我们的发展与永久性财富的资源保护有密切的关系。”他并非极端环保主义者，认为自然资源应有效地使用，避免浪费。1906年，罗斯福在白宫召集全国州长会议，讨论对于水、森林和其他自然资源的有效规划、分析和使用问题。

罗斯福政府的外交非常活跃。在古巴、波多黎各、菲律宾和巴拿马运河区，他动用军队的医疗部门，建立了公共卫生系统。他通过军队在当地建设基础设施。罗斯福急剧扩张了美国海军的规模。

1902年委内瑞拉政府出现财政问题，拒绝支付外债，欧洲国家出动海军封锁其海港，委内瑞拉危机爆发。美国政府奉行门罗主义，警告欧洲列国不得干涉西半球事务，罗斯福命令美国海军前往委内瑞拉海域巡逻。罗斯福在1904年推出更加咄咄逼人的“罗斯福政策”：为了避免第三方在拉丁美洲采取行动，美国必须自行维持西半球的秩序，如果出现行为不轨的国家，美国有权进行军事干预。

1905年日俄战争开始，日本陆海军以弱胜强。虽然罗斯福对沙俄在远东的野心感到不安，对日本军队的战斗力极为欣赏，但是他也不愿意让日本在远东独大。罗斯福召集两国代表在新罕布什尔州普兹茅斯港进行和谈。他对调停人的角色非常着迷，连哄带吓，最终使两国签署了普兹茅斯条约。罗斯福因此赢得巨大的国际声誉，并且获得1906年度诺贝尔和平奖。后来，他又仲裁了德国与法国在摩洛哥的势力划分。一些历史学家认为，罗斯福的这两个行动从某种程度上避免了世界大战。

罗斯福在外交上最显赫的成就是开凿巴拿马运河，将纽约与旧金山之间的水路航程缩短了8000英里（约1.4万千米）。当时，巴拿马是隶属于哥伦比亚的一个省。哥伦比亚与尼加拉瓜竞争运河选址。

1902年，哥伦比亚与美国政府谈妥了一个条约，由美国出钱从法国购买巴拿马运河工程的设备，1881年法国在巴拿马有过失败的尝试。

条约签字后，在哥伦比亚参议院批准的手续中出了麻烦。哥伦比亚参议院的要价比条约高出1000万美元。

美国政府拒绝就价格重新谈判，哥伦比亚政客于是提出新建议，将条约中第三方的法国公司踢开，结余的款项付给哥伦比亚。哥伦比亚参议院在谈判中意图诡诈，罗斯福对于欺骗法国公司的做法感到厌恶。

1903年，罗斯福作出最后决定，出于对巴拿马运河利益的考虑，支持巴拿马独立。独立战争仅持续了几个小时，哥伦比亚士兵每人接受了50美元的贿赂，便放下武器。1903年11月3日，巴拿马共和国诞生，启用美国事先起草的宪法。不久，美国与巴拿马缔约，以一千万美元的代价拥有巴拿马运河的开发和使用权。1904年运河工程开工，1914年竣工。

纪念伟大的总统

完成第二个总统任期后不久，罗斯福于1909年3月前往非洲探险。这次的旅程由史密森尼学会和美国国家地理学会提供赞助，引起世界媒体的关注。随行团队中有许多来自史密森尼学会的科学家，他们捕获了11397种动物，小到昆虫，大到河马和大象。其中512次属于狩猎，262种动物被食用。他们甚至捕捉了珍贵的白犀。大量动物被制成标本后运往华盛顿。标本的数量巨大，光是装货就用了一年时间。

罗斯福自嘲道："国家博物馆、美国自然历史博物馆和类似的动物研究机构之存在性可以被谴责的话，我才可受谴责。"他对这次科学考察非常兴奋，撰写了详细的日志。1908年，罗斯福认为国防部长威廉·霍华德·塔夫脱是自己进步主义思想的衣钵传人，极力推举塔夫脱做总统候选人。然而，塔夫脱有自己的一套进步主义，认为应当由法官而非行政官员或政客来判断是非公正，换而言之，侧重法治。

> 他的总统任期内，对国内的主要贡献是建立资源保护政策，保护了森林、矿产、石油等资源；建立公平交易法案，推动劳资和解。对外奉行门罗主义，实行扩张政策，建设强大军队，干涉美洲事务。

塔夫脱不是手腕巧妙灵活的政客，也不似罗斯福那般精力充沛、个性喜人，更没有罗斯福的大众支持层面和紧紧追随的死党。

当罗斯福认识到，降低进口关税可能造成共和党内部关系紧张，使制造业与零售商和消费者的利益尖锐对立，他

就闭口不提这个话题。而塔夫脱无视关税变革的风险，一面鼓励改革者降税，另一面与保守派领袖进行交易，使关税的总体水平仍旧居高不下。总之，在各方之间和稀泥。在共和党内部危机四伏之际，罗斯福前往非洲和欧洲旅行，让塔夫脱自己拿主意。

塔夫脱与罗斯福的行事风格迥异，从来不在口头上得罪大商人。不过他主张在法律体系内解决问题，因而发起了90起针对大企业的反托拉斯诉讼，当时最大的企业美国钢铁公司也在被告之列，而该公司的兼并案得到过罗斯福的批准。结果，塔夫脱把所有人都得罪了：反托拉斯的改革者不喜欢他的保守言论；大企业家怨恨他的法律行动；罗斯福恼怒他使自己颜面扫地。

罗斯福从欧洲返回后，出乎意料地对联邦法院大加讨伐，令塔夫脱甚为恼火。罗斯福不但声讨大企业，对联邦法官也不放过，而这些法官大多数是麦金莱、罗斯福和塔夫脱任命的。1910年的国会中期选举后，民主党控制了国会，使塔夫脱在1912年的连任选情危危乎怠矣。

1911年底，罗斯福最终与塔夫脱决裂，自行宣布角逐共和党总统候选人。但是他动手略迟，塔夫脱已经取得党内大佬们的支持。然而在12个州的党内初选中，罗斯福赢得了9个，表明他在普通选民中仍然颇受欢迎。不过，当时的初选不如现在这般重要。

共和党全国代表大会在芝加哥召开之际，罗斯福发现自己无法直截了当地取得总统候选人资格，于是呼吁自己的支持者离开会场，另起炉灶，成立进步党，并且按照总统和州级竞选的需要建立永久组织结构。该党外号“公鹿党”，因为罗斯福号称自己“像公鹿一样顽强”。他在代表大会上大呼：“这是世界末日的哈米吉多顿，我们为主而战！”他那十字军式的豪言壮语令与会代表大为振奋。这个党的竞选平台是加强政府干预，保护人民免受利益集团的压迫。

1912年10月24日，在威斯康星州密尔沃基的一次促选活动中，理发店老John Schrank向罗斯福行刺。子弹击中演说稿和眼镜框后进入他的胸腔。罗斯福拒绝入院治疗，坚持完成了90分钟的强力演说。他对听众说："不知你们听说过没有，刚才我挨了一枪，但是这不够杀死一头公鹿。"医生诊治的结果是，枪伤严重，但是取出子弹会导致更大的危险。罗斯福的身体终生都携带这个弹头。

在当年的总统大选中，罗斯福赢得27%的普通选票，塔夫脱23%，民主党人伍德罗·威尔逊以42%的得票率当选。他带领大批进步主义者脱离了共和党，使之元气大伤，用了一代人才渐渐恢复。

1913年罗斯福到亚马孙河热带雨林地区探险，并将此次探险的经历写成了一本畅销书《Through the Brazilian Wilderness（穿越巴西野林）》。

这次探险的资助机构是美国自然历史博物馆，罗斯福答应提供新发现动物的标本。抵达南美后，探险队增加了一个更具进取心的目标：探索困惑河（Rio da Duvida）的源头。这条河后来被命名为罗斯福河，以纪念他的壮举。

探险团队共有16位成员，包括罗斯福的一个儿子，美国自然历史博物馆派遣的人员，巴西军队的一个中尉、医生等。

在顺着河流探险途中，罗斯福腿受轻伤，因此感染了疟疾，并且持续发烧。在配给食物有限的情况下，他担心自己拖累整个探险的日程，要求独自留下。但是他的儿子坚持带他前行，队医也对他悉心照料，终于把他从死亡的边缘救回。

这场疾病使他的体重减少了约20千克。返回纽约后，罗斯福给朋友的信中写道：这场大病至少让他减寿10年。在余生中，他经常因为疟疾和腿伤未愈而住院治疗。

身体基本康复后，罗斯福前往华盛顿特区为此次河流探源答辩，因为有专业人士怀疑考察结果。他的学术报告平息了争议，罗斯福河的命名得到了国际认可后，他便胜利返乡。

西奥多·罗斯福发动“进步主义”运动。他们主张用联邦政府的权力对现行秩序加以改革，使美国社会重新走向和谐。他们把反垄断作为改革的主要内容。

西奥多·罗斯福的改革理念是调整财产与公共福利的关系，重新把公共福利置于个人财产，即发展之上。在他看来，这是重建社会和谐的主旨。西奥多·罗斯福说，“我们正面临着财产对人类福利的新看法……有人错误地认为，一切人权同利润相比都是次要的。现在，这样的人必须给那些维护人类福利的人民让步了。每个人拥有的财产都要服从社会的整体权利，按公共福利的要求来规定使用到什么程度。”

在这一理念指导下，西奥多·罗斯福开始反垄断斗争，他把矛头指向摩根的铁路控股公司———北方证券公司，对它提出起诉。他又强迫一个煤矿接受政府对罢工的调解，这是联邦政府第一次支持有组织的罢工。

西奥多·罗斯福的这些行动得到了人民的称道，他因此获得了“托拉斯爆破手”的美名。但他也遭到了保守派的攻击，1896年总统的制造者、政治老板马克·汉纳大骂这个“该死的牛仔”。华尔街因他的“堕落”而“目瞪口呆”。西奥多·罗斯福的改革引起了共和党的分裂，保守派坚决反对他的改革，他本人则退出共和党另组进步党参加总统大选。他因成功地调停了日俄战争而获得1906年的诺贝尔和平奖，他是第一个获得此奖项的美国人。在调停过程中，他敏锐地察觉新崛起的日本对美国构成的潜在威胁，认识到巴拿马运河对美国不仅具有经济价值，而且能够使美国海军舰队在太平洋和大西洋之间的调动更加快捷，具有重要的军事战略意义。因此，他在任内竭力推动巴拿马运河工程，并且视其为自己最伟大的成就。

他卸任后的1912年，他与共和党意见有分歧，于是脱离共和党，代表进步党参选

【主要著作】

《给孩子们的信》
《1812年海战》(1882年)
《征服西部》(四卷，1889至1896年)
《美国历史中的英雄故事》(1895年)
《非洲游踪》(1910年)
《新国家主义》(1910年)

总统,试图东山再起,但败于美国民主党的候选人伍德罗·威尔逊,从此退出政坛。他的第五个侄儿富兰克林·德拉诺罗斯福 (Franklin Delano Roosevelt)日后也当选为美国总统。著作有《给孩子们的信》《在西部的胜利》《1812年战争中的海战》等。

香港太子大厦有一间精品公仔店。镇店之宝是一枚泰迪熊,英国名师所制。这只泰迪熊一身猎装手握长枪,店主叫它罗斯福熊。

其实所有的泰迪熊都是罗斯福熊,泰迪(Teddy)是西奥多(Theodore)的昵称。泰迪熊得名于美国第二十六任总统西奥多·罗斯福——中国人通常叫他老罗斯福,区别于小罗斯福,美国第三十二任总统富兰克林·罗斯福。

泰迪熊的故事发生在1902年。老罗斯福总统去密西西比州公干,当地主人为他安排了一次猎熊之旅。但这次狩猎很不走运,整整三天猎人们一无所获。到了第四天,向导和猎狗终于发现目标:一头黑熊,不过那头熊又老又病,在猎狗和猎人的围攻下奄奄一息。向导请来了老罗斯福,让他射杀这只已被团团围住的黑熊,罗斯福断然拒绝。他说:"这可不是真正的猎家所为。"这个故事不久被漫画家克里夫·贝瑞曼画成漫画,发表在《华盛顿邮报》上,举国皆知。接着——按照比较流行的说法——纽约一位小店店主莫里斯·米其顿制作了一只玩具小熊,寄到白宫,恳请总统同意小熊取名泰迪。总统答应了。世界从此就有了泰迪熊。太子大厦的那枚泰迪熊,正是对遥远传说的一次响应。

有意思的是,贝瑞曼第一幅漫画里,黑熊的身高和猎人相仿,明显是一只老熊。他后来为其他报纸重画这幅漫画时,黑熊身量变小,怎么看也是一只可爱的幼熊。现在,几乎所有关于泰迪熊的品牌传奇都变为罗斯福放生小熊的故事。都市消费神话需要更多《读者》式的温情和圆满。事实上，当年老罗斯福只是很简单、很实在地吩咐手下把那只痛苦挣扎求生无望的黑熊予以人道毁灭。

“当下国中，但知泰迪熊，安知罗斯福？”说到罗斯福，多半说的是小罗斯福，那位后半生一直与脊髓灰质炎搏斗的残疾人总统。小罗斯福是老罗斯福的远方堂侄。就功业而言，小罗绝对不输老罗，推行新政结束萧条，领导二战称雄世界，连任四届总统，事功之盛，前无古人后无来者。然而，就声誉而言，老罗却远在小罗之上。他和华盛顿、杰弗逊、林肯并称美国历史上最伟大的总统，被誉为20世纪美国最伟大的总统。最近几任美国总统，办公桌上都放着西奥多·罗斯福的胸像。

2006年，老罗斯福去世差不多90年之后，美国最有影响力的《时代》杂志将他作成封面人物，标题是：缔造美国。

哥伦比亚大学小百科

随着全球一体化进程的进一步加快，哥伦比亚大学高度重视国际化人才的培养。其很多学科和课程设置并不只是以纯实用为目的，更注重以增进知识、推广学术为导向，力图培养出全面发展的人才。由此，哥伦比亚大学的毕业生通常具有高质量的综合素质和国际化视野，具备了进入社会精英阶层和学术前沿的基本条件。

第二章　独特的教育理念

在上帝的神灵中我们寻求知识。

——在校训的指引下，在全球一体化进程的步伐中，哥伦比亚大学高度重视全面发展的国际化人才的培养，使其学子具有高质量的综合素质和国际化视野。

第一课 名校教育体系

近年来，面对经济全球化、信息化和文化日益多元化在教育领域的反映，学院更加关注对学生的服务精神与市场意识，采取了一系列措施与创新应对变革世界的挑战。

教育创新

为进一步满足学生的学习需求，学院近年来在课程建设上大规模重构了各专业的学术课程，以加强课程的跨学科性与课程信息化建设。一方面，一些新开设的学科基本属于跨学科类型，如语言、社会与学校教育研究课程。另一方面，课程信息化建设的课程资源管理系统(Class Web)则极大地方便了师生教学活动的开展。概而言之，Class Web主要包括以下数个功能：课程大纲，所选课程材料的上传与下载、作业发布、网络讨论区、教学评价、教学软件下载、信息通告、个人信息设置等。此外，学院为减轻现有教员的课程负担，同时为弥补新设课程的师资短缺，学院从纽约市地区的其他高校，尤其是从哥大其他院系聘请了大量兼职教授前来授课讲学。

其二，学院积极依据学生特点开展灵活授课。有鉴于所招学生之中73%为在职学员，合理的授课时间安排对这部分学生而言尤为重要，是故学院将大部分教学时间安排在下午3点以后及晚间授课，部分短期课程还会集中安排于周末开展。此外，学院还为在职学生开设了大量混合型课

程，即将现场上课与网络课程相结合，以满足在职学生的学习需要。

其三，新设课程中心满足市场需求。为整合学院各类教科研资源，为社会尤其是纽约地区提供更好的专业服务，学院新设成立了教育超越与创新中心，主要开展继续教育、专业发展培训、企业学习解决方案等三类专业服务，每年为非注册入学学员提供250门不同类别的终身学习型课程。其课程形式包括现场教学课程、远程教学课程、讲习班、讲座、座谈会、学术前沿会议、影片观摩与探讨等多种，获得了社会效益、学员效益与学院效益的多赢。

其四，近年来学院在组织内部创新上同样频频出手，尤以围绕图书馆为核心的学术资源建设最为引人瞩目。首先，对图书馆进行了大规模改建并进行了信息化改造，尤其是在图书馆内建置了大量4—20人规模不一的合作学习室，依据不同学习室的功能划分，配备了各种多媒体设备为学生的合作学习提供服务，所有学生可依据需求在图书馆主页上免费预定学习室。其次，近年来学院利用计算机技术进行信息化软件建设方面创新层出不穷，极大地方便了师生们的科研与教学：Ed Lab是一个集教育研究、教学创新、在线出版、信息共享、未来图书馆发展探究于一体的教育实验网络；After Ed则是一个类似于YouTube的教育视频媒体资源库与博客网，内容主要是由教员与研究生提供的全球教育现场考察视频与全球教育新闻周播，颇具学术价值；随身知识库Pocket Knowledge则是一个学术资源存储与共享数据库，个人可自由上传与分享各类学术资源，其中学院100余年历史的档案资料与数万份本院硕博士学位论文尽囊括其中，极具史料价值；以及远程课程教学网Black Board与Moddle等。

近年来的创新与可持续发展等三个视角对哥大师范学院作为世界一流教育研究生院所作的分析。事实上，任何一所世界一流的教育研究生院，其教科研与服务特征远非本文所述的三个视角可完全透视，有待更为系统深入的研究与探讨。

教育理念

哥大对语言能力的强调，使得这里70%的毕业生能流利地讲几门外语。每天早晨，都要有一个学生在同学面前演讲以锻炼当众讲话的能力，这已经形成了哥大的传统。随着“中国热”的升温，哥大学生对中文的热情也越来越高。来哥大一个学期认识的3个朋友，依次是博士、硕士、本科生的Sala，Jelemy和Lillian，虽然都是地地道道的美国人，但如果不看他们的脸只听他们说的话，其语音语调语速会完完全全让你误认为是中国同胞。最小的Lillian还到中国参加过中文辩论赛。哥大最初的建校目标是：“在已知的语言、人文和科学领域内教导和教育青年。”

哥伦比亚大学小百科

哥伦比亚大学的教师及课程设置都必须围绕以下3个问题来展开：一、让学生学习什么？二、用什么方法教育学生？三、毕业时，学生除了学位和所学的知识外还具备何种世界观？哥大最强调的一点是实践，注重学校与社会结合，鼓励教师走出课堂和学校，学以致用。哥大还经常举办研究生论坛，主席、评委都由学生自己充当，但会议程序和规格则完全和正式的研讨会保持一致。

第二课　经济领袖人物的摇篮

哥伦比亚大学的办学宗旨是：在已知的语言、人文和科学领域内教导和教育青年。

哥伦比亚大学被誉为培养政治、经济领袖人物的摇篮。迄今，哥伦比亚大学法学院已培养出了两位美国最高法院大法官——哈兰·菲斯克·斯通和查尔斯·伊万斯·修斯，三位美国总统——美国第26届总统西奥多·罗斯福，第32届总统富兰克林·德拉诺·罗斯福和第44届总统巴拉克·侯赛因·奥巴马。另外，美国第34届总统德怀特·艾森豪威尔是哥大第13任校长。纽约市有14位市长，纽约州有10位州长是哥大的毕业生。

罗伯特·蒙代尔：欧元之父，哥大经济学教授，诺贝尔经济学奖获得者。

伊萨克·阿西莫夫：美国生物化学家、作家、一位撰写科幻小说和科普读物极有成就的多产作家。詹姆斯·卡格耐美国著名演员，1974年获美国电影学会“终身成就奖”。

约瑟夫·高登·莱维特：美国著名演员，在《盗梦空间》的出演使他在国际电影网站imdb上的搜索率到第一。

洛·格里格：著名美国棒球运动员，因1925－1939年间连续参加2130场比赛而创棒球界空前纪录。

奥斯卡·哈默斯坦：美国抒情诗人和音乐喜剧作家，在音乐喜剧的发展中具有影响的剧院演出人，中国观众熟悉并喜爱的音乐喜剧《音乐之声》就是他的作品之一。

兰斯顿·修斯:为黑人文学开辟现实主义道路的美国黑人诗人,作家。

玛格丽特·米德:美国女人类学家,以研究太平洋无文字民族而闻名。

托马斯·默顿:美国天主教修士、诗人、多产的著作家。

拉比:美国物理学家,因发明用原子束和分子束磁共振法观测原子光谱(1937年),而获1944年诺贝尔物理学奖。

迈克尔·I·普平:美国著名发明家,近代物理学家先驱。

乔治·西格尔:美国雕塑家。

斯坦利·库布里克:著名导演,代表作《2001太空漫游》《发条橙》《奇爱博士》等。

亨利·舒尔兹:美国计量经济学先驱。

沃伦·巴菲特:美国内布拉斯加州奥马哈市伯克希尔公司董事局主席,著名股票投资专家(哥伦比亚大学金融系毕业)

埃德加·斯诺:美国著名记者。

简·考尔:极为成功的美国女剧作家和演员。

杰克·吉伦希尔:好莱坞著名实力演员,曾参演过多部电影。因出演《断背山》《死亡幻觉》而一举成名。在该校攻读两年后转入影视圈。

哥伦比亚大学小百科

在世界一流师资的基础上,哥伦比亚大学颇为关注本院的课程教学,并形成了自身办学特色。学校所设课程门类齐全,每个学期至少开设 1000 余门长短不一的课程供学生选修,人数一般在 20 人以内,以满足不同学生的兴趣需求。

第三课　哥伦比亚大学名人榜——吴健雄

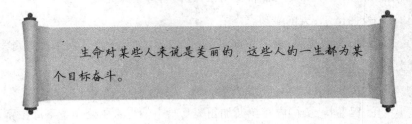

生命对某些人来说是美丽的，这些人的一生都为某个目标奋斗。

吴健雄(1912～1997)美籍华人，核物理学家，被誉为“核物理女王”。1912年5月31日（阴历4月29日）出生在江苏省苏州太仓浏河镇。物理学界巨擘泡利的得意门生。其丈夫是华裔美国物理学家袁家骝，袁世凯次子袁克文的儿子。

她出身于书香门第。父亲吴仲裔在家乡创办了明德女子职业补习学校。由于父母提倡男女平等，从小就能与其兄弟一样读书识字。在家乡读完小学，1923年考入苏州市第二女子师范学校，1927年以优秀成绩从师范学校毕业，任这一所小学教师。

两年后考入国立中央大学（1949年更名为国立南京大学，南大1952年院系调整分出工学、农学、师范）数学系，一年后转入物理系（现南大物理学院），1934年，在导师中央大学（南京大学）教授施士元的精心指导下，吴健雄撰写了《证明布喇格定律》的优秀毕业论文，1934年获得学士学位后，受聘到浙江大学任物理系助教，后进入中央研究院从事研究工作，1936年入美国加利福尼亚大学，1940年获博士学位，1942年在美国与袁家骝博士结婚，1944年参加了“曼哈顿计划”（研制原子弹），1952年任哥伦比亚大学副教授，1958年升为教授，同年，普林斯顿大学授予她名誉科学博士称号，并当选为美国科学院院士。

吴健雄(1912.5.31-1997.2.16),江苏苏州太仓人,核物理学家,素有"东方居里夫人"之称。在β衰变研究领域具有世界性的贡献,1975年曾任美国物理学会第一任女性会长,同年获得美国总统福特在白宫授予她美国最高科学荣誉——国家科学勋章。

1972年起提任普林斯顿大学物理学教授直到1980年退休,1975年曾任美国物理学会第一任女性会长,同年获得美国总统福特在白宫授予她的国家科学勋章,这是美国最高科学荣誉,1978年在以色列获得沃尔夫奖,1982年受聘为南京大学、北京大学、中国科学技术大学等校的名誉教授,是中国科学院高能物理研究所学术委员会委员,1994年当选为中国科学院首批外籍院士。

吴健雄以其卓越的贡献赢得了崇高的荣誉。1958年普林斯顿大学授予她名誉科学博士称号,这是该大学首次把这个荣誉学位授予一位女性。她还获得其他15所大学的名誉学位。美国总统授予她1975年国家科学勋章。1978年她获得国际性的沃尔夫基金会首次颁发的奖金。她受聘为南京大学、北京大学、中国科学技术大学等校的名誉教授,中国科学院高能物理研究所学术委员会委员。生前多次探访母系南京大学物理系,并与导师中央大学(南京大学)教授施士元施士元交流,并获得南京大学荣誉博士学位。

1986年,吴健雄、袁家骝夫妇多次来到南京大学,向南京大学全校师生做了演讲。吴健雄、袁家骝为鼓励学生认真学习,在重视理论知识的同时,注重实际应用技能的培养,特在南京大学设立"吴健雄、袁家骝奖学金",以表彰在物理实验方面有突出表现的学生。吴健雄70岁、80岁生日都是在南京大学度过的,南大为她举行了隆重的祝寿仪式。

1997年2月16日吴健雄在纽约病逝,终年85岁。遵照她本人生前的愿望,吴健雄的骨灰安放在她的故乡江苏苏州太仓浏河镇,1992年在南京大学物理系创立了吴健雄图书馆,吴健雄逝世后,1999年东南大学在其校园建立了纪念馆。东南大学创建了吴健雄实验室和吴健雄学院以纪念这位中央大学杰出校友。

“东方居里夫人”的传奇人生

吴健雄出生在江南小镇：江苏太仓浏河镇。这方鱼米之乡地处长江出海口要冲，历史上的交通十分便利，是市集百货转贸中心。

自元之后，有六国码头之称。明永乐年间郑和下西洋的起锚地即在此。吴健雄的父亲吴仲裔先生是位思想开明有远见卓识的达观人士，早年就读于著名的上海南洋公学（上海交大前身），因不满校方禁止新思想的传播，参与闹学潮的行列。学潮之后，他毅然退学，转入以倡导“学术自由、兼容并蓄”的爱国学社（蔡元培主办）。嗣后又入同盟会，并参加上海商团，学习军事技能。1913年袁世凯就座临时大总统，独揽大权，党同伐异，导致“二次革命”。

年轻的吴仲裔积极参加反袁斗争。二次革命败北，他扫兴地回归故里。吴健雄此时出生，小名薇薇。她系健字辈，行二。族人依“英雄豪杰”命名，故得名健雄。虽为女儿身，吴仲裔倒希望她不让须眉，胸怀男儿志，积健为雄。

吴仲裔先生不仅思想开明，且敏而好学，多才多艺。唱歌、吟诗、弹风琴、狩猎，还迷上无线电。他自己动手装了部矿石收音机，让小薇薇听到那来自天上的声音，给她买“百科小丛书”，向她讲述科学趣闻。这一切，在小薇薇的心田播下了科学的种子。

吴仲裔深明大义洞识教育之重要，特别关注女性教育。当时浏阳镇上有座火神庙。匪患肆虐，香火已灭，庙院为商团所占。吴仲裔苦口婆心地说服众乡绅，拆庙建校，明德女子职业补习学校始立。校名取意为“大学之道，在明明德”。

吴仲裔自任校长，将其妻樊复华也拉做教员。广纳四乡平民子女读书，除开设弘扬中

华文化的《论语》《古文观止》外，还增立数学、注音符号新兴学科，研习缝纫、刺绣和园艺等。

吴健雄七岁时便进校受启蒙教育。吴仲裔在课余常带女儿到镇上的天妃庙去玩，寻觅郑和航海事迹碑，向女儿讲述三保太监郑和率船队下西洋的故事。“春雨润物细无声”，在不经意中滋润、激发着吴健雄对科学的兴趣、探索精神和爱国主义情怀。

成名后的吴健雄，回忆她的人生历程，言及其父对她的一生影响时十分激动。她说：“如果没有父亲的鼓励，现在我可能在中国某地的小学教书。父亲教我做人要做大我，而非小我。”

椿庭恩泽，铸就了吴健雄的辉煌。1984年10月，她第一次回到阔别40多年的故乡，参加母校明德学校恢复校名暨明德楼落成典礼，独资捐建明德学校紫薇楼。她平时俭朴著称，为设“吴仲裔奖学金”她慷慨解囊，捐出近100万美元巨款，以这种独特的方式表达她的“寸草心”，造福桑梓。四年后，她又专程回故乡，参加纪念父亲吴仲裔诞辰一百周年纪念活动，并亲自向太仓市59名优秀师生颁发首次“吴仲裔奖学金”。

【曼哈顿计划】

曼哈顿计划是第二次世界大战期间，由美国领头，有英国、加拿大参与的一项研究核武器的计划。该项目造出了人类历史上第一颗原子弹。在1942到1946年间，曼哈顿计划由美国陆军工程兵团的莱斯利·格罗夫少将领导。曼哈顿计划的负责人为美国物理学家罗伯特·奥本海默；整个计划的经费是20亿美元，此计划获得美国总统富兰克林·罗斯福的批准。

吴健雄由一个普通农村的女孩子，成长为一颗从微观系统出现的大星，是中外众多师长培育之果。人们爱称吴健雄是中国的居里夫人。

尽管她是1936年赴美，而居里夫人1934年已作古，失之交臂；但吴健雄在中央大学作毕业论文的指导教师施士元先生是居里夫人的学生，由此而言倒真有一种嫡亲的师承关系。

吴健雄到美后，能以一个外籍女科学家的身份参与制造原子弹的“曼哈顿计划”，一缘其时她本身已崭露头角，更得力于她的老师美国“原子弹之父”、这项计划的主持人奥本海默对她的赏识和厚爱；吴健雄在柏克莱的导师、1959年的诺贝尔奖得主塞格瑞对她更是喜爱有加。

他们共同发现了对铀原子核分裂连锁反应有关键影响的惰性气体“氙”。吴健雄就有关研究结果写了篇论文，前列塞格瑞的名字准备发表，塞格瑞发现后删去了自己的名字。这篇论文以吴独自署名的方式在美国最有权威的《物理评论》上刊出，奠定了她在物理界的地位，也使她顺利地获得了博士学位。此举成为科坛佳话。塞格瑞早年游学欧洲，与居里夫人有所过从。他在评论吴健雄时写道：“她的意志力和对工作的投身，使人联想到居里夫人，但她更加入世、优雅和智慧。”

吴健雄是吴家出生的第一个女孩。幼时的吴健雄长得眉清目秀，十分讨人喜欢。和其他许多小孩一样，在学习方面，吴健雄也是从诗文背诵、识方块字和算学起步的。在学习过程中，吴健雄已显现出颇不寻常的智力。

1923年，11岁的吴健雄到离家50里的苏州去读书。吴健雄就读的苏州第二女子师范是当时一所相当有名的学校。校长杨诲玉女士是一位很有眼光的教育家，经常邀请知名学者来校演讲。在这些学者中，给吴健雄印象最深的是胡适先生。其实，在胡适来校演讲之前，喜爱看书的吴健雄已在《新青年》等杂志上读过胡适的文章，对胡适非常仰慕。

胡适来校演讲前，校长杨诲玉知道吴健雄的文章写得很好，又对胡适很崇拜，便说：“健雄，你一向喜欢胡先生的思想，这一次就由你来把演讲记录写出来好了。”吴健雄还记得，胡适那次演讲的题目是“摩登的妇女”，内容是讲妇女应如何在思想上走出旧的传统，令吴健雄眼界大开。她像着了迷似的，次日又追随到东吴大学再次聆听。胡适演讲的风度，对社会改造、对新时代妇女的见解，使少年吴健雄“思绪潮湃，激动不已”。

1929年，吴健雄以优异成绩从苏州女师毕业，并被保送到中央大学（现南京大学）。吴健雄念的是师范，按规定要先教书服务一年，才能继续升学，但

由于当时规定并没有那么严格，因此吴健雄在这一年当中并没有去教书，反倒是进了上海的中国公学再读一年书，因而也有机会成为胡适的得意门生。吴健雄曾说过，在一生中影响她最大的两个人，一个是她父亲，另一个则是胡适先生。

刚开始的时候，胡适并不认识吴健雄，虽然他知道中国公学有一个资质极其优异的学生叫吴健雄。有一次考试，吴健雄就坐在前排，考试是三个钟头，吴健雄两个钟头就第一个交了卷。胡适很快看完卷子，送到教务室去，正巧中国公学的两位名师杨鸿烈、马君武都在。胡适就说，他从来没有看到一个学生对清朝三百年思想史懂得那么透彻，于是给了她一百分。杨鸿烈、马君武二人也同时说，班上有一个女生总是考一百分。于是三人各自把这个学生的名字写下来，拿出来一看，结果三人写的都是吴健雄。

吴健雄和胡适的这段师生经历，不但吴健雄认为对她影响深远，而且胡适也曾在公开场合说过，这是他平生最得意、最自豪的事情。胡适勉励吴健雄："凡治学问，功力之外还需要天才。龟兔之喻，是勉励中人以下之语，也是警惕天才之语。有兔子的天才，加上龟兔的功力，定可以无敌于一世。仅有功力，可无大过，而未必有大成功。你是很聪明的人，千万尊重自爱，将来成就未可限量。这还不是我要对你说的话，我要对你说的是希望你能利用你的海外往留期间，多注意此邦文物，多读文史的书，多读其他科学，使胸襟阔达，使见解高明，做一个博学的人。凡一流的科学家，都是极渊博的人，取精而用弘，由博而反约，故能大有成功。"胡适对吴健雄有着深远影响。后来在台北和美国许多地方，他们多次见面谈话。胡适对吴健雄期许甚高，呵护备至。一次胡适外出旅游，瞥见英国物理学家卢瑟福的书信集，特地买下寄给她。

1936年胡适趁到美国参加哈佛大学三百周年纪念演讲之际，专程到柏克莱去和吴健雄作了长谈。次日胡适等船回国之间隙给吴健雄写了封长信，勖勉有加。信发出十多天后，胡适忽然想到信中的一个字母"M"系"A"之误，专此又去函更正。胡适这一字不苟的精神使吴健雄受了"很大的启示"。距此23年后，吴健雄已跻身世界著名科学家的行列，是时，她追怀往事，思绪万千。

在一封致胡适的信中说："几星期以前在整理旧物时，翻到我在西部做学生时您给我的信件，有一封是我刚从中国来到西岸后不久时你给我的信。信中对我奖掖诱导，竭尽鼓励，使人铭感。所以我把它翻印出来特地寄奉，不知老师还记得否？我一生受我父亲和你的影响最大……"吴健雄对胡适的仰慕以及后来胡适对吴健雄的激赏，尽管有人说此"给人们许多想象的空间"，也只是世人的想象而已。也有人认为：吴健雄对胡适一直执弟子礼，"不过以她当时的年纪和人生经历，衡度那时的社会风气，在吴健雄纯稚热烈的少女情怀中，无疑有着爱慕情怀的。"

吴健雄也确有留给他人想象空间情感十分微妙的手札："刚在电话中替你道别回来，心想您明天又要'黎明即起'的去赶路，要是我能在晨光曦微中独自驾车到机场去替您送行多好，但是我知道我不能那样做，只能在此默祝您一路平安。""但另一方面却又怕您以为我误会您的意思，使您感到不安，其实以我对您崇敬爱戴之深，绝没有误解您的可能，请绝对放心好了。""念到您现在所肩的责任的重大，我便连孺慕之思都不敢道及，希望您能原谅我，只要您知道我是真心敬慕您，我便够快活的了。"吴健雄对自己所取得的成就，总不忘恩师的嘉惠。她说她的研究成果"不过是根据胡先生平日提倡'大胆假设，小心求证'之科学方法"。

1962年2月24日，台北"中研院"院士会后，下午有个酒会，吴健雄、袁家骝应邀出席。胡适讲完话后请吴健雄讲，吴健雄说他们已公推吴大猷作代表发言了。胡适遂请院士们用点心，正和朋友打招呼，忽然面色苍白，尔后仰身倒下，后脑勺碰到桌沿再摔到地上，吴健雄亲眼看到这一惨剧，"悲痛万分，泣不成声"。

翌日，吴健雄到殡仪馆瞻仰胡适遗容"全身发抖，悲伤尤甚"。三年之后，吴健雄伉俪再度赴台到胡适墓前扫墓、献花、参观胡适纪念馆。吴健雄把那封她珍藏了29年的信即1936年胡适在旧金山等船时给她的一封勉励信交给胡夫人，胡夫人亦将其放在展馆中陈列。

一个美丽而动人的师恩三叠的故事，就此画上了句号。

20世纪30年代初，吴健雄开始大学求知生涯之时，物理学在西方正经历革命性变革。对于令人眼花缭乱的物理学进展，18岁的吴健雄虽然并不完全知晓，但她少年时念过关于居里夫人的传记，居里夫人是吴健雄崇拜的偶像。不过，她完全没有想到，不到20年后，自己会因为在原子核物理方面的杰出贡献而被誉为"中国居里夫人"。

大概是物理女皇吴健雄王冠上的宝石太璀璨夺目，以致她的先生袁家骝博士显得些微黯淡了。其实袁家骝也是享有国际声誉的物理学家，在高能物理、高能加速器和粒子探测系统研究上卓有成就。他们是华人中最知名的一对伉俪，人称神仙眷侣。

袁家骝出身显赫，是袁世凯"二皇子"袁克文的公子。袁家骝幼时在老家河南安阳读书，13岁时到天津上南开中学，后入燕京大学攻读物理。在燕大的校长司徒雷登的帮助下，得奖学金赴美深造。

袁家骝虽出身世家，但为人有品，他谦和、诚恳，待人有礼，广结善缘。他自小聪明伶俐，才华横溢。13岁时作一首咏雪的五言绝句："入夜寒风起，彤云接海横。纷纷飘六出，路静少人行。"受其父赏识。袁家骝多才多艺，对评剧、国乐都有兴趣，也会拉二胡，到美国还把二胡带在身边，兴时

一起，便把《教我如何不想他》《毛毛雨》等歌曲谱写下来自娱。

他们的相识，缘于一位在美长大的华裔Victor杨。1936年8月，吴健雄到柏克莱经友人介绍认识了杨。杨告诉她，两个礼拜前中国刚来一个留学生也是学物理的，叫袁家骝，并介绍他们相识。吴健雄想参观学校的物理系，袁家骝充当向导。学校原子实验设备的完善和精良吸引了吴健雄，她毅然改变东去的计划，决定留在柏克莱，遂与袁家骝成了同窗。

吴健雄才貌出众，又饱受中国传统文化的熏陶，爱穿中国的高领旗袍，更显女性的柔媚，加之她的气质典雅，成了男生们钦羡的焦点，众星捧月一般。他们将她的姓氏“吴”发声作“呜”，半开玩笑地唱在一首情歌中。连女同学也亲昵地叫她“基基”（中国话姐姐的发音）。但袁家骝终于使爱的方舟停泊在自己的港湾。吴健雄毕竟是有中国传统的女性，她迷人的外表和谨慎的言行里有一种理性和诚实的个性。羡于吴健雄的成就和才貌，婚前婚后身边来自男性的骚扰始终不断。吴健雄从容大度，应付裕如，又不失礼。

1957年在以色列开的一个物理学国际会议上，一位主持会务的男士邀请她在以色列逗留几个月，游览访问。当时吴健雄与同一实验室的一男性物理学家同去的。她笑着回答邀请者，指着同仁说：“你去问他吧，如果他来我就来。”礼貌而又风趣地婉拒了。另一次，一位男士戏称她为“袁教授”，她大为不悦地更正道：“我是吴教授，袁太太。”1975年她破例打破男人的天下，当选美国第一任物理学会女会长。一位慕名而来采访的记者，在拜访后十分感佩地说：“她全身上下每一英寸都像一个会长。”其风度的迷人不言而喻了。

1942年5月30日，吴健雄30岁生日的前一天，她与袁家骝结婚了。婚礼是在袁家骝的指导教授、诺贝尔奖得主密立肯家中进行的。隆重而简朴。密立肯教授送给他们礼物是一句话：“实验第一，生活第二。”两人在美国的许多同学好友都前来庆贺，钱学森也在座。婚后他们到洛杉矶的一个海滩上度“蜜周”（只一个礼拜），便投身于各自的教学、研究工作中。婚后，他们相亲相爱。袁家骝克尽丈夫的职守，还延揽太太的活儿，练就十八般武艺：洗衣、吸尘、带孩子以至下厨。袁家骝烹饪的代表作是红烧狮子头。

他尽可能地让吴健雄全身心地从事研究。袁家骝在金婚岁月谈感受时，一派绅士风度地说：“夫妻也如同一个‘机关’，需要合作，婚前要有承诺，婚后要协调。”朋友评论袁家骝一贯以太太为荣，说：“不管吴健雄去什么场合，拎照相机的人总是袁先生！”结婚不久，因工作关系，他们成了牛郎织女。一个在新泽西州普林斯顿大学，一个在麻省史密斯学院，各自从事自己的教学或研究。只有周末，两人才在纽约相会。

1956年，杨振宁、李政道怀疑“宇称守恒定律”，因实验太困难，希望渺茫，无人肯接受。他们找到吴健雄，这时，吴健雄已与袁家骝买好返回大陆的船票，想看看阔别20多年的故乡；但是这项极富挑战的实验吸引了她。袁家骝也积极支持，他退掉一张船票孤身一人回国。

吴健雄的实验终于成功了，她作为人梯把两位年轻的中国科学家推上了诺贝尔奖领奖台。生活中也偶有琐事发生小矛盾，袁家骝解决的秘诀是：“太座第一。”家中的许多事多为吴健雄作主，但她对丈夫又有种天性的依赖。每遇到棘手的事，她总对人说“等家骝再说”。

她常向人夸耀：“我有一个很体谅我的丈夫，他也是物理学家。我想如果可以让他回到他的工作不受打扰，他一定会比什么都高兴。”谁主沉浮？在家里好办，到外面就颇令人费思量。说来有趣：1973年他们回大陆探亲，周总理在人民大会堂宴请。大会堂每省都有一个厅，通常是以客人的省籍来安排接见的地点。袁是河南人，吴是江苏人。怎样才体现平等呢？还是周总理高明，最后决定安排在介于苏豫之间

的安徽厅，以示“公平”。

吴健雄终先袁家骝驾鹤远行，袁家骝不胜悲哀。叶落归根，袁家骝亲自护送吴健雄的骨灰回大陆，安葬于苏州太仓浏河。吴健雄的墓地在明德学校紫薇阁旁，墓体设计由贝聿铭任设计顾问。明德学校的科技楼被命名为“吴健雄楼”，袁家骝捐赠25万美元作为基建费。他表示，他是浏河的女婿。浏河是他的第二故乡。作为一个科学家，他拿不出更多的钱来，但他可请海内外优秀的科学家来做学校的顾问，推动明德学校的发展。

吴健雄的科学贡献

1956年之前，吴健雄已因在β衰变方面所作过的细致精密又多种多样的实验工作而为核物理学界所熟知。

1956年李政道、杨振宁提出在β衰变过程中宇称可能不守恒之后，吴健雄立即领导她的小组进行了一个实验，在极低温（0.01K）下用强磁场把钴-60原子核自旋方向极化（即使自旋几乎都在同一方向），而观察钴-60原子核β衰变放出的电子的出射方向。

他们发现绝大多数电子的出射方向都和钴-60原子核的自旋方向相反。就是说，钴-60原子核的自旋方向和它的β衰变的电子出射方向形成左手螺旋，而不形成右手螺旋。但如果宇称守恒，则必须左右对称，左右手螺旋两种机会相等。因此，这个实验结果证实了弱相互作用中的对称不守恒。由此，在整个物理学界产生了极为深远的影响。

健雄对β变的一系列实验工作，特别是1963年证明的核β衰变中矢量流守恒定律，是物理学史上第一次由实验定实电磁相互作用与弱相互作用有密切关系，对后来电弱统一理论的提出起了重要作用。

关于β衰变的研究对原子核物理和粒子物理的发展具有极重要的

意义。吴健雄从事这一专门领域的研究多年，被公认为是这方面的权威。她与S.A. 兹科夫斯基（Moczkowski）合著有《β衰变》一书；在K.西格邦（Siegbahn）所编《α－，β－和γ－射线谱学》一书中，吴健雄也是关于β衰变和β相互作用部分的撰稿人。前面所述两项主要学术成就实际上也都与β衰变研究直接有关。下面再就吴健雄在β衰变研究方面的学术成就做些补充。

1. 证实了β谱形状的源效应，澄清了早期β衰变理论中的一些错误，支持了费米理论。

2. 对β衰变的各种跃迁，特别是禁戒跃迁的全部级次进行了系统的研究，丰富和完善了β衰变的理论。

3. 对双β衰变的研究。1970年，吴健雄等报道了一次在美国克里夫兰附近的一个600余米深的盐矿井内进行的48Ca双β衰变则实验。实验选在深矿井内是为了尽量减少宇宙线的背景辐射。

1935年爱因斯坦、波多尔斯基、罗森发表了一篇论文，对哥本哈根学派创立的量子力学描述的完备性提出了疑问，他们的看法可归结为一个佯谬。由于对量子力学关于物理量可测度性及概率概念的认识有不同看法，爱因斯坦始终认为应当有一种理想的、确定的、对物理实质有完备叙述的理论出现以代替目前的量子力学数学结构，因而导了后来有“隐变量理论”的出现，即认为量子力学中的“概率”乃是对某些目前未知的“隐变量”作某种平均的结果。因此，几十年来有一些物理学家企图寻觅这些“隐变量”以建立新的、完备的量子力学，但均未成功。而另一些物理学家则否认有这些“隐变量”存在，事实上已有人证明在希尔伯特的某些条件下，目前的量子力学的数学结构是不容隐变量存在的。

吴健雄等早在1950年就发表了一篇关于“散射湮没辐射的角关联”的文章，实验表明具有零角动量的正、负电子对湮没后发出的两个光量子，如狄拉克理论所预料，将互成直角而被极化，也证明正电子与负电子的宇称相反，说明与目前的量子力学并无矛盾。

1975年吴健雄等又发表了一篇题为“普顿散射的湮没光子的角关联以及隐变量”的文章，报道他们测得的在一很宽的散射角范围内到达符合的康普顿散射光子的角分布，其结果与假设电子与正电子有相反的宇称为前提而得到的标准的量子力学计算相符。J.S.贝尔（Bell）在1964年曾对任何局部隐变量理论所能预言的角分布取值围作了限定，而吴健雄等所观察到的角分布在假设通常的量子力学康普顿散射公式是正确的前提下并不符合贝尔的限定，这样也就再次对局部隐变量理论作了否定，从而在更高程度上支持了量子力学的正统法则。

从20世纪60年代中期开始的10年间，吴健雄集中力量从事这一中、高能物理领域的实验工作。发表了大量论文，有不少工作富有首创性和很高的学术价值。

μ子物理方面的工作包括：Sn，Nd，W等元素的μ子X射线的同位素移的测定；209Biμ子X射线的磁偶极和电四极矩超精细相互作用的研究；近10种μ子原子中核γ射线的测定等。

介子和反质子物理方面的工作主要是利用布鲁克海文国家实验室内的交变梯度同步加速器产生的强大的K-，Σ-和粒子流，以高分辨率Ge（Li）探测器为工具，用奇异原子方法准确地测定了这些粒子的质量和磁矩。

在浩渺的星空，有一颗小行星，它的名字叫“吴健雄星”，是以吴健雄的名字命名的。吴健雄女士以其对物理学的杰出贡献，赢得了全世界的赞誉，也为自己赢得了“东方的居里夫人”的桂冠，并最终将自己的名字留在了永恒的星空。

在1958年发现穆斯堡尔效应之后，吴健雄就开始对它进行深入研究。他们专门研制了一种闭环氦致冷器用于低温穆斯堡尔效应研究，其温度控范围为20—300K，对于放射源或库仑激发源均可使用。他们用库仑激发后产生的穆斯堡尔效应，分别测量了钨同位素（182,184,186W）和铪同位素(176,178,180Hf)的第一激发2+态中的电四极矩的比率，并与转动模型所预期的结果做了比较。在1978年，他们进一步用一个3He/4He稀释致冷器使穆斯堡尔测量得以在低至0.03K的温度下进行，以研究氧高铁血红素的磁性质与弛豫特性，结果表明在约0.13K时该血红素进行磁跃迁；利用这一装量还在诸如收体温术、弛豫效应、与温度有关的超精细场的研究等方面进行了一些实验，得出了许多有意义的结果。

吴健雄轶事

【吴健雄被誉为“原子弹之母”】

带着师友的殷切厚望，吴健雄于1934年离开了母校，不久即赴美继续深造。此后历经数十年的艰苦奋斗，吴健雄为世界现代物理学发展作出了杰出的贡献，她在博士在读期间就参加了制造原子弹的“曼哈顿计划”，解决了连锁反应无法延续的重大难题，被人们称为“原子弹之母”。

1930年吴健雄进入中央大学，攻读数学专业。吴健雄资质俊秀，学习游刃有余，在求知欲的驱动下，她翻阅了一些有关X光、电子、放射性、相对论等方面的书籍，没想到一下子便被伦琴、贝克勒尔、居里夫妇、爱因斯坦等科学巨匠给深深地吸引住了。于是，她第二学年便申请转到了物理学系。

中大物理系有许多名师，有研究光学的系主任方光圻，有天文学家张钰哲，有教电磁学的专家倪尚达，后来又来了一位教授近代物理的施士元。施士元在法国巴黎大学镭研究所跟随居里夫人做研究多年，是居里夫人为中国培养的唯一的博士。教学之余，他向同学们讲述了居里夫人的种种逸事，这些都使得对居里夫人崇拜有加的吴健雄倍感亲切。那个时候，不管是在教室，还是宿舍和饭堂，吴健雄经常都会说到居里夫人如何如何，仿佛居里夫人是一位她所熟悉、景仰的长辈似的。“那时，居里夫人是吴健雄的典范”，数十年以后吴健雄的许多同学还都是众口一词地这么说。

当时，中大的女学生宿舍在北极阁山下的石婆婆巷，是一片属于教会的楼房，有东、西、南、北4座楼，房间有大有小，大的住6人，小的住3人，最小的只容1人。

吴健雄住南楼，起初与人同住，后来为专心念书，便搬到南楼后面平房中的小屋中闭门读书，很少参与娱乐活动，节假日也难得出去。她有位叔父在南京任职，星期天总是开车来校，想接侄女到郊外“换换脑筋”，可每次载走的总是她的同学。越是这样，她叔父越是担心她的身体，越是要拉她出去“透透空气”，但总是很难说得动她。

对于这一切，施士元都是看在眼里，喜在心上。就在吴健雄进入中大的第二个年头，日寇在我国东北发动了“九一八”事变；第三年，日寇又在上海挑起了“一·二八”事变。吴健雄是位很温和的学生，但是在民族存亡的生死关头，她在教室里再也坐不住了。1931年“九一八”事变之后的12月，她冒雪参加了总统府门前的静坐示威活动，逼得蒋介石不得不出来向学生做个交代。不久以后，吴健雄还成了大家公推的学生示威游行的领头人。

“中国人还是中国人。”这是建筑大师贝聿铭在评论吴健雄中国情结时说的话。1931年吴健雄被保送进入中央大学。她与画家孙多慈成为砚兄。同住学校后门石婆婆巷女生宿东、南两楼。那时吴健雄身材娇小，活泼可人。

“一双神采奕奕的眸子，灵巧的嘴唇，短发、平鞋，朴素大方但剪裁合身的短旗袍”，在全校两百位女生中脱颖而出。“不仅是男孩子，女孩子竟也有人为她神魂颠倒呢”。

孙多慈说那时吴健雄很腼腆，人一叫，她脸一红，点点头，赶快避开。她的用功是有名的。功课做不完，题目想不出是不上床睡觉的。中大毕业时以总分86.3分，冠全校之首的优异成绩毕业。

1936年，吴健雄在叔叔的资助下与林语堂等同乘“胡佛总统号”轮赴美求

学。在美国哥大，她又巧遇孙多慈。一见如故，她邀孙多慈住她家，孙多慈正在筹办画展，怕影响她的研究，迟迟不去。画展结束后，吴健雄主动找到孙多慈，见孙多慈困居在斗室，阴暗潮湿，条件极差。吴健雄硬将她的行李搬到自己家中，腾出一间敞亮的大房间让孙多慈住。那时孙多慈的法语不好，吴健雄为她找一位在哥大教法语的老太太辅导她。孙多慈为了谋生为餐馆作大画，时正夏日，满头大汗。吴健雄强要袁家骝开车去送中餐，他们见她画的一幅大画只贱卖100元。吴健雄坚持以双倍的价格买她的画作，令孙多慈感激得潸然泪下。称吴健雄为“大妹”的田蕴兰教授回忆她的人品时说：“吴健雄在各方面的表现，更甚于西方的居里夫人。她不只敬业，她在管理、领导上展现的才能，提倡两性平权的见识，令人如沐春风的处世风格，教人折服。她对当代后世的影响，也必然凌驾居里夫人。”

令世人遗憾的是，吴健雄与诺贝尔奖无缘。但她本人不介意于此。众人为她不能成为诺贝尔奖得主打抱不平，为西方对东方的偏见、对东方女性的偏见而呐喊。十多年后，以色列人设立了沃尔芙奖，专为那些应得而未得到的诺贝尔奖落选者而设。吴健雄是该奖第一位得主，奖金甚至超过

诺贝尔奖。她此生获得的奖项与荣誉一一列出,不下两页纸。奖誉等身。然而她总认为自己是个平凡的东方女性。

1980年,她退休了。绚烂的生活趋于平淡。但她敬业的精神是退而不休。她的炎黄情结更浓烈。她非常关心祖国的科技教育事业,多次回国访问讲学。对北京正负电子对撞机,合肥同步辐射加速器,台湾同步辐射加速器等大型物理实验设备关怀备至,提出许多建设性意见,并亲自参与筹建工作。她还在中国物理学会、南京大学等校设立了多种奖学金。

1992年,4位诺贝尔奖得主:李政道、杨振宁、丁肇中、李远哲,在台北发起成立"吴健雄学术基金会",要给八十华诞的吴健雄一个惊喜。她在会前获知,一再婉拒,竟躲了起来。她说:"我不喜欢出风头。做研究是我的本分,我只是运气好,成果还不错而已,不要以我的名字成立基金会。"最后,朋友们逼着夫婿袁家骝博士吹枕头风,迫使她就范。

对于吴健雄绚烂多姿的一生,南京大学物理系教授中科院院士冯端赞誉道:"吴健雄教授和袁家骝教授均将他们半个世纪的生涯奉献给了崇高的科技事业,道德文章,堪为当代青年人效法的楷模。"

吴健雄女士逝世2年后,1999年,中共中央、国务院批准在国立中央大学旧址(今东南大学)内建造吴健雄纪念馆。

吴建雄纪念馆建筑面积2129平方米,整体4层,地下一层。纪念馆造型庄重朴实、简洁对称。纪念馆不仅对吴建雄的生平业绩进行了充分展示,而且陈列了由吴健雄家属和美国哥伦比亚大学捐赠的大批遗物，包括她生前所获得的奖章、奖状、证书、聘书，有关文件、书籍，朋友及要人赠送的书画、物品、日常生活用品等。

吴健雄的墓园在明德学校“紫薇阁”旁，墓园由东南大学建筑设计研究院设计，著名华裔世界建筑设计大师贝聿铭审定。

墓园占地1372平方米，于1998年5月底建成。墓园由三部分组成。墓园中间是一个圆形的瞻仰平台，平台东侧有一环形花坛，墓面向花坛，象征着吴教授永远生活在祖国的花朵——明德学生中间。

墓园的东部是一环形照壁，照壁由8垛由低而高的照墙组成，象征着吴健雄教授勇攀科学高峰的足迹。8垛照墙高低各相差50厘米，喻示着吴健雄教授享年85岁，照壁上由杨振宁教授亲自题写的“吴健雄墓园”五个石绿色大字，熠熠生辉。

墙上嵌着6幅巨型汉白玉浮雕，这几幅栩栩如生的画面记载了吴健雄一生主要的活动足迹。墓园东侧是吴健雄科技楼，它与墓园连成一体，相互辉映。

【所获殊荣】

吴健雄曾获美国普林斯顿大学、耶鲁大学、哈佛大学，中国南京大学、北京大学，中国科技大学，台湾中央大学等16所大学荣誉博士学位。一生获得众多奖项，奖誉等身。被称为：世界物理女王、原子弹之母、原子核物理的女王、中国居里夫人、物理科学的第一夫人、最伟大的实验物理学家。

墓园的西部，即为墓园的主体部分。主体呈圆形，墓穴安置在9米直径的小池之中，水池中有两个石球，每个球重达300多千克，当接通电源，石球会随着水流分别顺向和逆向缓缓转动，球顶上分别喷出高低不同的小柱，它们象征着吴健雄教授在美国华盛顿低温实验室，通过钴-60衰退变实验来印证杨振宁、李政道“宇称不守恒定律”的实验原理模型。

这一实验原理模型的设计设想是由李政道教授提出设计的，李政道还亲笔为墓园的造型解释题了碑文，碑文写道：“按宇称守恒定律，凡是二个左右全对称系统的演变应该是永远左右对称的，这似乎极合理的定律于一九五七年正月被吴教授钴核子衰退变实验推翻了。这建筑中二

石球象征着二个左右对称的钴核子，而其衰退变产生的电子颁由小流代表，它是不对称的。谨以此纪念吴健雄划时代的重大科学贡献。”

在墓穴外部为呈一斜面的圆珠笔柱体，在圆珠笔柱体的斜面上镌刻的中英文墓志铭上这样写道：“这里安葬着世界最杰出女性物理学家——吴健雄；她一生绵长深刻的科学工作，展现了深思力作和真知灼见；她的意志力和对工作的投入，使人联想到居里夫人；她的入世、优雅和聪慧，辉映着诚挚爱心和坚毅睿智；她是卓越的世界公民和一个永远的中国人。”

主要荣誉

1958年，当选“中华民国”中央研究院院士；当选为第一位华裔美国国家科学院院士。

1975年，当选为第一位美国物理学会女会长。

1975年，获美国国家科学奖章。

1978年，获沃尔夫基金会首次颁发的沃尔夫奖。

1986年，美国自由女神像建立一百周年庆典时，获艾丽斯岛荣誉奖。

1986年，杨振宁、李政道、丁肇中和李远哲4位诺贝尔奖得主发起在台北创立吴健雄学术基金会。

1990年，南京紫金山天文台将国际编号为2752号的小行星被命名为“吴健雄星”。

1991年，获代表理工界最高荣誉的普平纪念奖章。

1992年南京大学物理系建立“吴健雄图书馆”，东南大学建立“吴健雄实验室”。

1994年，当选为中国科学院外籍院士。

中国设立“吴健雄物理奖”“吴健雄袁家骝自然科学基金会”。南京大学、东南大学、明德中学先后设立“吴健雄奖学金”。

1997年吴健雄逝世后，1998年“吴健雄墓园”在明德中学校内建成。明德学校建立“吴健雄科技楼”“明德楼纪念馆”。

1999年，东南大学建立“吴健雄纪念馆”。

哥伦比亚大学小百科

哥伦比亚大学有多所研究所，其中著名的学院有建筑与城市规划学院、高学院、教育学院、国际事务与公共关系学院、新闻学院、法学学院、医学中心、护理学院和社会工作学院系。

第四课　哥伦比亚精英教育法则

作为一所常春藤大学，哥伦比亚大学以其强大的师资队伍、一流的教育水平、学术理念和先进的科研设备，培养了各界精英。

哥伦比亚大学的历史可以追溯到1756年（还有一说为1754年）。当年7月，首任校长塞缪尔·约翰逊在曼哈顿百老汇街上的一所新房子里主持了第一批8名学生的开学仪式。建校初期，哥伦比亚大学为学生的教育所设定的目标是：拓宽视野，加深理解，完善自身，以成就今后的辉煌事业。

自1919年起，哥伦比亚大学在美国高校中率先推出“核心课程”教育计划。刚进大学的新生不分系科，注册之后就开始学习核心课程。在一、二年级，通过阅读、听课、讨论等各种方式了解西方文化和艺术的经典作品，到第三年才进入专业学习。由此使理工科学生增加对人文学科的了解，同时也使文科学生增长对包括科学在内的西方文明的认识。而且，无论选文还是选理，其学子所要接触的知识范围也都非常广。例如，“人文文学”这门课要求学生们阅读从荷马到陀思妥耶夫斯基的27部伟大的文学作品，而“当代文化”课程则让学生对从柏拉图到加缪的哲学都有所涉猎。

在其学生手册中，关于推出“核心课程”的目的，有这样一段描述：“核心课程是哥伦比亚大学（本科）教育的基石。作为哥大学生才智开发

的关键，核心课程的目标是为哥大全体本科生，无论其将来的专业或方向如何，提供一个广阔的视野，使之谙熟文学、哲学、历史、音乐、艺术和科学上的重要思想与成就。”

这便是“通才教育”的基本思想，也是哥大在其教学中最重要的理念之一。哥大的领导认为，大学教育的目的是培养全面发展的“完人”或“全人”，使之具有人文与科学知识的修养。哥大虽然是一所研究型大学，但从不鼓励学生过早地一头扎到理工专科中去，因为它认为理工专科所学的是技能性的东西，受过教育的人通过适当的训练之后，基本就可以掌握。这种教育理念曾在美国教育界激起过强烈的争论，但从实践效果来看，通过推行以"核心课程"为基础的通才教育，哥伦比亚大学的确培养出了一大批学识渊博、举止高雅的人才，也使许多求知若渴的大学生终身受益。因此，这也正是哥大不顾外界压力而坚持实行通才教育的最大动力和原因所在。

曾就读于哥大的戴尔电脑首席执行官迈克·戴尔，原本主修的是生物专业，却一手创办了戴尔电脑公司的直销模式，并最终推广到了整个电脑行业。

能在经济领域取得这样的成就，戴尔自称是因为在大学时，他曾选过一门宏观经济课。他说：“那门课的教授讲的一点至今难忘，那就是，你永远不能以常规思维来认识世界。这个世界上以常规思维来思考的人实在太多。”

出身生物专业的戴尔，跟电脑行业并没有直接的联系，按理说也不太可能成为他的主业，然而因着哥大通才教育的理念，他除了研习生物课程之外，更是对文学、科学、经济学等各方面均有所涉猎。虽然他中途辍学创立了自己的电脑公司，但曾经在美国哥伦比亚大学所学的各种思想已经互相融合，而且学校也培养了他这种善于融合不同知识的思维，致使他在研究电脑行业的同时，将其经济学思想引入其电脑营销中，创立了电脑的直销模式。

反观国内，同样以主修计算机专业的大学生来说，通常出现的情况是怎么样的呢？想必对电脑在编程、操作系统轻车熟路的人不在少数，但是一旦跳出了电脑行业的领域，与另一行业综合运用时，想必其无论在意识上还是能力上的缺陷就露出端倪了。此外，现在中国的高校课程设置的确有些落后，由于条件所限而不能做到与社会同步更新，出现了过于陈旧的教育课程，尤其是计算机行业，一些老旧的技术现在仍在学校开课。学生花大量的时间学习一门根本已经过时的技术，对未来的发展却没有什么帮助。而这些，都是国内大学和哥伦比亚大学在办学思想上的最大差距所在。

同样的，惠普公司的首席执行官费奥里娜也是哥大的毕业生，她的专业本是中世纪史与哲学，但由于大学时代接触到理工课程的学习，使她自信自己能以一种恢宏的历史观来面对现代社会向数码化社会的转型。

试想，如果费奥里娜除了她本专业中世纪史与哲学课程之外，对其他课程并没有什么认知度，则她在面对自己的事业或行业时，无论是其看待问题的广度还是深度，必然会窄浅得多，则她的事业发展也必然局限得多。

此外，从哥大出来的学生普遍认为，经过通才教育之后的哥大学子，其知识面之广，文化修养之深，日后学术底气之足，都是单科教育体制下的学生所难以企

及的，正是因为母校的这种教育理念和方式，才成就了自己广博的学识，也使得自己的"专"有了坚强的后盾和依托。

也正因为如此，毕业于哥大的人才，往往是社会各企业非常欢迎并争相录取的，因为"哥伦比亚学生"的身份，往往代表了他们不仅在专业领域中学有所成，更有将各种知识融会贯通、具有综合运用的能力和更为宏观把握问题的视野。

哥伦比亚大学小百科

现代基因学之父——托马斯·摩尔根在这里身体力行的朴素生活，成为哥大永远的校园传奇。欧元之父罗伯特·蒙代尔在这里任教。美国最高的学术性文学艺术奖——普利策奖永久地链接到这里。它的医学院是美国第一所授予医学博士学位的医学院。它以发现美洲大陆者的名字命名。它有着满腔的激情，有着为天下人奔走的内在气质。250 年来，它一直守护着科学与艺术的教育理想，它就是史无前例的哥伦比亚大学。

第五课　哥伦比亚大学名人榜——总统奥巴马

现任美国总统的父亲：贝拉克·侯赛因·奥巴马一世，英文：Barack Hussein Obama I。2009年1月上任的美国总统，英文：Barack Hussein Obama II。

贝拉克·侯赛因·奥巴马一世

贝拉克·侯赛因·奥巴马一世（Barack Hussein Obama, Sr.,1936年—1982年11月24日），肯尼亚经济学家。卢欧族人，曾到美国的夏威夷大学和哈佛大学留学。老贝拉克怀有报国的理想和政治雄心，回国后，成为运输部的经济顾问、财政部的高级经济顾问。

他性格耿直，期间曾发表文章批评政府的计划经济政策。在与乔莫·肯雅塔总统的斗争中失败退出政坛。1982年，他在内罗毕一场车祸中丧生。他的儿子贝拉克·奥巴马是美国第44任总统，也是美国第一位具有黑人血统的总统。

尽管终其一生，奥巴马只与父亲一起相处过一个月，但父亲的背影却在奥巴马心中留下了深刻的印象。

得知父亲死讯的那个晚上，奥巴马做了一个有关父亲的梦，梦中他们相见时，俩人热烈拥抱，奥巴马开始抽泣，父亲对他说："我经常想告诉你我有多爱你。"醒来后，奥巴马发现自己还在流泪，那是他第一次为父亲流泪。

贝拉克·侯赛因·奥巴马二世

奥巴马的父亲老奥巴马是肯尼亚人，母亲安·邓纳姆是美国一名白人女教师。两人婚姻没有维持多久，只生下奥巴马一个孩子。后来奥巴马随母亲与继父在印度尼西亚生活4年。

邓纳姆出生在美国堪萨斯州威奇托，后来随父母移居夏威夷。在夏威夷，邓纳姆与肯尼亚留学生贝拉克·奥巴马（老奥巴马）相遇并结婚，生下一个儿子，取名巴里，即如今的美国总统奥巴马。

这一段婚姻没有维持多久，随着老奥巴马离家前往哈佛大学深造告终。邓纳姆后来与印尼留学生罗罗·素托罗结婚，并于1967年来到印尼，也把6岁的巴里带到印尼。

奥巴马10岁时回到夏威夷，与外祖父母生活在一起。邓纳姆带着她与素托罗生的女儿玛亚又回到印尼。邓纳姆热衷于印尼民间妇女工艺品的制作，比如织布、编筐，成为个中能手。

玛亚现在是夏威夷大学一名教授。苏尔亚库素玛回忆说："我们都是母亲，我们一起谈论，对于一个母亲来说，与孩子分离有多么难过，但她（邓纳姆）更关心对巴里（奥巴马）的教育。"

奥巴马青年时到印尼看望母亲，苏尔亚库素玛初次见到这名未来参议员。她说："邓纳姆为他骄傲。我记得，当奥巴马成为《哈佛法律评论》月刊历史上首位黑人主编时，邓纳姆充满骄傲。"

奥巴马的父母离婚后，在听说父亲1982年在肯尼亚死于车祸前，奥巴马只见过父亲一次。尽管与父亲相处时间不长，但遗传自父亲的肤色，在他的政治生涯中成为一面旗帜。

他的回忆录1995年首次出版，名为《父亲的梦想》。从政后，奥巴马借用了父亲的名字（贝拉克），在每天别人对他的称呼中，感受父亲留下的烙印。

老奥巴马出生在肯尼亚西部一个贫穷的小村庄，当过放牛娃，后来因为一个很偶然的机会去美国读书，与邓纳姆相遇，生下奥巴马。奥巴马的祖母和许多亲戚如今仍住在那个小村庄，老奥巴马1982年因车祸去世后也埋在村内。

1992年时，奥巴马初访家乡，把未婚妻领进门。老奥巴马的生平比较复杂。他在肯尼亚时就娶了第一个妻子柯齐亚，并育有两个孩子，儿子罗伊和女儿奥玛。

按照奥巴马的说法，父亲从没真正离开柯齐亚。但邓纳姆说，老奥巴马确实与柯齐亚分开，但“由于结婚时是一个乡村婚礼，所以也没有文件证明离婚”。老奥巴马和邓纳姆在夏威夷的婚姻也许也没有适当的文件证明。

奥巴马在回忆录中说：“这段婚姻如何开始和何时开始依然弄不清，有些细节我永远没勇气弄清。”老奥巴马离开邓纳姆和两岁的儿子去哈佛读书后，后来带着另一名美国女人露丝回到了非洲。

露丝成为他的第三任妻子，在肯尼亚为他生了两个儿子，其中一个儿子死于车祸。但是，老奥巴马还经常探望柯齐亚。然而，就是在这样一个家庭中成长起来的孩子，却心怀着自己的“美国梦”，一步步走向成功……

奥巴马的成长之路

奥巴马身世复杂、经历坎坷，但长大后，在芝加哥市组织慈善事业，逐渐积累名声。在哈佛大学法学院就读期间，成为《哈佛法律评论》首位黑人主编——这个位置通常被视为法律专业学生毕业后进入美国最高法院当秘书、进而步步高升的敲门砖，但奥巴马毕业后，却选择了芝加哥一家专门受理民权诉讼的小型律师事务所。奥巴马之后选择从政，连任3届伊利诺伊州州参议员，2004年在民主党全国代表大会上脱颖而出，将知名度扩大到全美。当年，他赢得国会参议员选举，成为美国历史上第5位黑人联邦参议员。

苏尔亚库素玛说："你知道，拥有一个白人母亲、一个黑人父亲，还到过印尼，这使他和他的母亲一样，容易对各种人产生认同感。"一些美国社团把奥巴马当作一种证明：融合可以超越种族。

美国布鲁金斯学会的公众政策研究人员威廉·高尔斯顿说："我认为，美国选民已经准备支持具体表现美国梦的领袖。"

弗吉尼亚大学政治学教授拉里·萨瓦托认为，奥巴马公布自己身世可以吸引选民，无论存在何种争议。

萨瓦托说："美国人喜欢成功的故事。"苏尔亚库素玛说，她可以想象到奥巴马母亲的"热烈表现"，"如果她知道巴里，她的孩子在竞选美国总统，她会有多么骄傲"。

一百多年前的美国总统大选，亚伯拉罕·林肯只能坐着马车来巡回演讲；七八十年前，为了获得胜利，富兰克林·罗斯福已可以拿着广播喇叭进行宣传；到了肯尼迪时代，在电视上面对万千观众发表演说成为常态。

2008年美国大选，不管是民主党的奥巴马、希拉里，抑或共和党的麦凯恩和罗姆尼，都争先恐后开设个人网站，宣传政治纲领、播放竞选广告，发布即时动态，同时也收集民意民声。

硅谷的一位资深专家评论："能够利用网络全部潜力的竞选者，将在总统大选中脱颖而出。"《纽约日报》也认可这一点："2008年，决定总统大选结果的关键因素不是谁更懂政治，而是谁更懂网络。"

互联网，这种最开放、最民主的媒介形式，已深度参与到选举的政治事务中。奥巴马，47岁的黑人偶像，凭借着平民出身、经历复杂的优势，打出"革新""梦想"的旗号，在一脸阳光的帅气中，成为最会利用互联网工具的人。

> **【奥巴马说】**
>
> 是改变的时候了。如今,我们面对的是一个全新的责任时代——人人都需重视,对我们自己,我们的国家乃至整个世界,都有一份责任。我们会欣然接受这份责任,人生也正因此而充实。伟大不是凭空而来的,而是赢得的。在我们的历程中,从来没有走捷径或是退而求其次。

美国联邦选举委员会公布的资料显示,奥巴马在2008年1月份收到的3600万美元捐款中,有2800万美元是通过互联网募集到的,而且,其中90%的捐款,单笔金额都在100美元以下。和传统的通过竞选集会以及举行募款餐会的模式大不相同的是,奥巴马得到的这些小额捐款,多半是自发的网上转账。这应该被看作一个信号。美国国会规定,每个人向总统候选人捐助选资金,不得超过2300美元。因此,美国总统候选人必须争取尽可能多的捐款者,才能在筹款额上压倒其他对手。

早在2007年第一季度初选时期,他小试牛刀,被人称为"菜鸟"的他"一鸣惊人":通过互联网,获得了10万人的捐款,人数是希拉里的两倍!捐款数额也超过了希拉里。"从那时开始,奥巴马就拥有一个"网络提款机"。

《时代周刊》评论:"奥巴马所得的100美元募款,可能来自数千位不计名的普通支持者,但账面上无法看到的数据,将在未来的选票数量上体现,人们期待着这样的惊喜。"在奥巴马的个人竞选网站上,粉丝们在网站上输入自己的邮政编码,就能得到所在地区为奥巴马进行助选活动所具有的信息列表,并据此加入支持奥巴马的团体。

戈伦博格说:"这些集会吸引了社区人群的极大兴趣。人们一回家就上网捐款。而这些人以前从没卷入过竞选活动。"相形之下,奥巴马的党内对手——希拉里,也在自己的官方网站上设置了类似的"邮编定位"功能,以聚拢和发展支持者,但效果远逊于奥巴马。原因是,奥巴马进入了互联网的WEB2.0时代。

"这是互联网时代,奥巴马知道经常上网和有时间在网上发表言论的人都不是有钱人,因为有钱人大都没那么多时间,也不会自降身份与穷人一起争论",一位奥巴马的支持者表示,"如果以支持人数作为评判,奥巴马无疑将获胜。"

“奥巴马现象”

所谓“奥巴马现象”，就是2008年总统大选初选中民主党总统候选人奥巴马掀起的政治旋风。作为美国历史上第一位参选总统的黑人，奥巴马将“希望”和“变化”作为自己的竞选口号，一次次突破人们的预期，不断刷新美国政治史新纪录，形成了2008年美国总统大选中一股巨大的政治能量，对传统的选举格局构成了真正的挑战。

奥巴马在短短两年多的时间里就已在政坛造成一股旋风，甚至有人把“奥巴马现象”拿来与前总统肯尼迪1960年挟带强大人气进军白宫来相提并论。

如今“奥巴马”这个名字在美国已成为首屈一指的政治品牌。并且“奥巴马”这个名字已经改变了英语，美国社会出现了一批以“奥巴马”为词头的新名词，如“奥巴马女孩”“奥巴马风暴”“奥巴马摇滚”“奥巴马十月”等等。

《华尔街日报》甚至惊呼：面对“奥巴马大潮”，希拉里还没有被淹死本身就足以说明她是一位多么出色的政治家。《纽约时报》专栏作家布鲁克斯在《当魔术消失的时候》文章中，认为“奥巴马狂热”已经变成“奥巴马失落变态症候”。现在，“O. C. S. ”已经变成一个英文新字，出现在美国政治议论之中。就是在这种“奥巴马狂热”现象下，众多选民被迷得神魂颠倒，助他写下一系列连胜的战绩。

“奥巴马现象”的根本原因是奥巴马代表着希望和信心，迎合了选民求变的心理。这种变分为几种：面对美国内外交困，选民需要变革，需要一个能带领美国走出困境的领导人；

选民需要希望和信心，需要一个给美国带来新方向的领导人；美国面临一个“战后婴儿潮”到“后婴儿潮”的世代交替的变化，选民需要一个清新的、超越党派利益弥合分裂的“后婴儿潮”领导人。

总之，奥巴马成为变革的代言人。选民需要一个领导美国走出困境的领导人。共和党执政7年来，经济不振，财政巨额亏空，美元贬值，物价飞涨，还有次贷危机，使人民生活日趋艰难，没有医疗保险的人数已经高达5000万。二战婴儿潮的一代人，即将达到退休年龄，将来有可能面临政府无力支付社会保险基金的困境。

对外方面，反恐越反越恐，伊战越陷越深，盟国离心离德，外交乏善可陈，国际影响日益削弱。尽管国力依然强大，科技领先，但内外决策失误已经给美国利益带来了很大损失，影响到了选民的利益。此时不改，更待何时。

在这种情况下，人心思变，对于白白耗费财政资源，过度干预国外事务以及国会陷于两党争议，为了支付战争费用而削减社会福利开支的做法，招致强烈不满。尽管奥巴马没有开出如何变革与施政的清单（施政纲领要在党代会上产生），但“变革”的主题思想却是说到了选民的心坎上，成为他产生巨大影响力与号召力的一个重要因素。选民需要一位给予美国新希望和信心的领导人。

美国精神的深处存在着一些共同的理想和信念，这些理想和信念能让美国人不论是在繁荣时还是在逆境时，都能始终保持一种集体良心而不失望，并能让不同肤色、不同信仰、不同阶层、不同党派的美国人共同努力。

近年来，特别是“9·11”以后，美国的这些共同的理想、价值理念和希望在不断萎缩，美国开始日益走上分化。奥巴马承诺，如果他成为美国总

统，他将使整个美国在共同使命感的感召下团结起来，使美国的历史翻过近年来政治四分五裂、愿望一再落空的灰色一页。

同时，依循美国政治的惯例，奥巴马还要让大家知道这种新美国人的根源——最原始的美国梦。于是在竞选中他不断重复“改变”“希望”和“相信”这几个关键词，使他成功地把自己变成了肯尼迪的接班人、新美国的象征。

正如希拉里的一位顾问所说，希拉里能打败任何对手，但奥巴马不是一位参选人——他代表了一种运动。他不是在推销某一套政策，他是在推销一种愿景；他展示的是对一种信念的忠诚，对人们实现信念的力量的忠诚。而这种信念就是变革，这就是为什么人们并不关心其政策细节的原因：梦想本身就已经足够。

美国企业研究所学者迈克尔·巴龙认为，美国的选民结构每隔16年会有重大改变，而经过世代交替的选民比较愿意冒险选择新人。所以16年之痒起到了重要作用。《新闻周刊》的专栏记者艾特指出，其实选民求变的情况在1992年克林顿击败老布什当选总统就已有先例。克林顿46岁时当选总统，是第一位“战后婴儿潮”时代入主白宫。

其实这可以从历史来寻找根源，比如从二战结束一直到老布什，美国总统基本上都是二战老兵，从将军到上校，然后到中尉，开始是艾森豪威尔将军，肯尼迪是校级军官，老布什是尉级军官，到了克林顿时代，二战老兵基本上就淡出了政治舞台，接下来就是“战后婴儿潮”这一批，他们的代表人物就是克林顿和小布什。

他们正好执政16年，从美国世代交替的角度来说，这批人也开始淡出政治舞台，“后婴儿潮”的人要起来了。

“奥巴马现象”产生的一个更大的背景是,美国自20世纪60年代以来在民权运动方面的确取得了相当大的进展。

20世纪60年代美国发生了轰轰烈烈的民权运动，其主要内容就是美国黑人反对种族隔离和歧视,争取民主权利的运动。经过60年代的民权运动,美国打破了一些很有能力的黑人人才进入美国主流社会的障碍,现在美国政坛上活跃着很多黑人领导人和政治家，包括小布什政府中也有鲍威尔、赖斯和罗德·佩奇。显然,通过60年代的民权运动以后,相当一部分黑人精英进入了美国的主流社会，而且帮助美国在解决种族问题上取得了相当大的进展。这是“奥巴马现象”产生的最大背景。没有这一背景,“奥巴马现象”就没有存在的理由。

“奥巴马现象”产生与媒体追求轰动效应也不无关系。媒体首要任务就是收视率,这是媒体存在的利益根本,所以追求轰动效应也就成为媒体的应有之意,这自然形成了选民从众和跟风的心理。媒体的追求轰动效应。奥巴马的接连取胜,不仅增加了奥巴马本身的自信和凝聚力,对选民、特别是那批本来就在希拉里和奥巴马之间晃荡的中间选民也产生很大的影响,产生从众心理也是一种必然。

至于希拉里所抱怨的“美国媒体对她不够友善”问题,并且,媒体喜欢炒作,一般不会一边倒地倾向奥巴马或者希拉里，但是奥巴马最近连胜,媒体对他的赞誉之词会更多一点。因为媒体靠收视率为生的。另外,奥巴马受到更多媒体青睐,还在于奥巴马是新人,身上有更多的新闻点可以发掘。还有,奥巴马毕竟是年轻人,如前一段落所述,奥巴马对网络等新兴媒体也更重视,也更容易和这些人合作和交流。媒体对于他“开辟了一个新时代”等大张旗鼓地报道,对他人气的聚集和筹资都很有利。

当选总统

据初步统计结果，奥巴马已获得297张选举人票，超过当选总统所需的270张选举人票；麦凯恩仅获得145张选举人票。成功当选美国第四十四任总统后的奥巴马在芝加哥发表讲话，表示“这是属于大家的胜利(this is your victory)，美国即将开始改变(change has come to America)”。同时，他还感谢了自己的家庭和团队，并且向对手麦凯恩表示敬意。麦凯恩也在随后致电奥巴马表示祝贺，奥巴马也表示非常期待麦凯恩能够加入未来的美国政府一起共事。

政策主张

经济发展理念：奥巴马的主张基本延续民主党传统政策，扩大政府干预经济的职能，缓和贫富矛盾，创造共同繁荣。

金融危机：除了支持布什政府救市计划外，奥巴马还推出了自己的金融救援计划，包括承诺未来两年内向创造就业机会的美国公司提供临时税收优惠，公司每提供一个新的岗位就能获得3000美元的税收减免；允许美国家庭提前从养老金账户提取总额不超过1万美元的资金；对陷入困境但仍在努力还贷的购房者，将其丧失住房抵押赎回权的期限宽限90天；呼吁美国联邦储备委员会和财政部向各州和地方政府提供更多的经济援助。

在金融危机发生一周年之际，奥巴马再次阐述金融监管改革的三项原则，即保护消费者、堵住金融系统和监管系统的漏洞、强化国际合作。他说，金融监管改革的根本目的是提高透明度、强化问责制。

对外政策：奥巴马的总体外交和安全政策思路是注重以谈判商协及多边合作解决重大国际问题，重新确立美国的领导地位，并表示会与伊朗、叙利亚、朝鲜和委内瑞拉等国的领导人谈判。

【经典语录】

先想清楚自己要做什么，然后朝着目标努力前进。与其羡慕别人，不如把握自己的长处。

他一直反对伊拉克战争，并在竞选中承诺，如果当选总统，会在上任后16个月内从伊撤出美军作战部队。他还承诺当选后对阿富汗增兵7000人，并曾表示如巴基斯坦不对巴阿边境的恐怖分子采取行动，美国将单方面发动未经巴允许的打击行动。对伊朗，他认为通过外交手段与伊朗领导人直接接触，比单纯加强制裁更有利于解决伊朗核问题。在对华政策上，奥巴马认为美国需要与中国建立长期、积极且具有建设性的关系。主张深化美中经济安全和全球政策问题方面的高层对话，加强两国环保和军事交流。

个人著作

在踏入政坛之前，奥巴马出版了其青年及早期事业的回忆录《我父亲的梦想》。该书于1995年出版，并于2004年重印，新版本加入了新版前言和他在2004年民主党全国代表大会上的演讲稿。该书的音频版本获得了2006年格莱美奖的最佳诵读专辑。

2004年12月，奥巴马与三本书签约，合约价值190万美元。第一本书《无畏的希望》(The Audacity of Hope)在2006年10月出版，论述了奥巴马的政治理念。该书自出版后在纽约时报图书排行榜一直名列前茅。

第二本书由于出版合约仍未公开，该书是奥巴马和妻子、两个女儿合著的儿童书，其利润将赠予慈善机构。而第三本书的内容现在也尚未公开。

美国兰多姆出版公司旗下的Three Rivers出版公司表示，奥巴马新书《我们相信的变革：贝拉克·奥巴马重续美国承诺的计划》，将在2008年9月8日推出音频和电子版本，然后于9月9日正式上市。

这本书由奥巴马亲自作序，介绍自己的政策立场和这次总统选举的重要意义。他的竞选团队成员也撰写了一些章节，介绍奥巴马在医疗保险、能源和国防安全等重要问题上的观点。此外,该书还囊括了奥巴马在竞选期间发表的7次演讲原文,包括他在宣布竞选总统和出访德国时的演讲。

他的另一部新作名为《赞美你:致我女儿们的一封信》的插图读物中,奥巴马描写了美国13位各领域拓荒者的故事,其中包括美国国父乔治·华盛顿、美国职业棒球大联盟第一位黑人球员鲁宾孙以及美国黑人民权领袖马丁·路德·金等,借此向3岁以上的儿童传达“美国精神”。

哥伦比亚大学小百科

哥伦比亚大学是美国最早进行通才教育的本科生院,至今仍保持着美国大学中最严格的核心课程。它的研究生院更是以卓越的学术成就而闻名。哥伦比亚大学的核心课程在美国大学普通教育课程设置中具有鲜明的个性特色:注重批判性思维的课程理念、跨学科的课程组织、层次性的课程设置,以及注重原著的课程实施,这些对于中国大学普通教育课程改革具有十分重要的启发意义。

第三章　竞相效仿的“通才教育”

通才教育是为了培养具有高尚情操、有高深学问、有高级思维，能自我激励、自我发展的人才。它实行的是一种博雅教育，注重理智的培养和情感的陶冶。通才教育重视知识综合性和广泛性，但往往过分通博，学科的深入发展受影响。

第一课　大学教育的真正目的

不向前走，不知路远；不努力学习，不明白真理。

在一次关于“大学教育的真正目标是什么”问题的讨论会上，中国台湾社会学家杨国枢教授曾提出：大学教育必须同时达成五大类目标：培养大学生对自己内在身心特质的了解；培养大学生求取新知的方法与能力；培养大学生适应个人生活所需要之较高品质的能力、情操及行为；培养大学生适应社会生活所需之较高品质的能力、情操及行为；培养大学生理解与关怀全世界、全人类所需之较高品质的能力、情操及行为。

由浅入深，杨教授对大学教育所应当达到的目标作出了客观的展望。在这展望中，我们发现，一种好的教育中，应当包含一种德识兼备的人文理念和关注全球的大人生目标。而且，通过人本化的教育，大学生无论在思想、知识还是人格方面都应该获得均衡的发展，使他们不仅对身心禀赋与潜能、个人志向与人生目标有深刻的认知，还要延伸到关怀他人，服务社会和关心全人类的意识和行动中去。

哥伦比亚大学校长李·C·伯林格教授就曾在一次题为“全球化与现代大学”的演讲中提到，当今全球化正在迅猛和根本地改变着世界。大规模通信技术的发展，商业及其大量新理念的产生和流动等，都在根本性地改变着我们日常的生活和工作的方式。但是大学的主要力量及其所产生的知识进步都局限在校园围墙内部，滞后于全球化发展的速度。世界的变

化给大学提出如此巨大的挑战，如果大学不立即采取相应的行动来应对，进行根本性的变革，则必然要落后于时代发展的脚步。

“大学教育不仅仅是简单地向学生传播知识，更要通过其广泛革新的跨学科领域认真探讨全球性难题，引导学生增强对问题认识的深度和广度，以使其能够应对未来生活的挑战。”

伯林格教授认为，虽然在全球化过程中的许多变化是令人惊慌失措、一时难以应对的，但无论我们愿不愿意，这些变化都会逐个到来。如果没有一个对各个领域的广泛认知，没有一个对全局的总体把握，对于个人来说，就无法在一个日益全球化的世界中好好地把握自己，积极应对或者进行防御，挑战现实。

对于学校，本着相同的道理，自然要积极制定与之相匹配的教学政策，以期能够更好地适应这些变化，使之培养的人才更具国际化视野和远见卓识，进而能够积极地挑战这些变化。

著名的科学家爱因斯坦曾这么说：“学校应该永远以此为目标：学生离开学校时是一个和谐的人，而不是一个专家。”可见他对“大学”的理解同哥伦比亚大学的教育理念不谋而合。

早前，曾有学者对哥伦比亚大学及美国其他一些学校做比较，发现在一段时间里，美国很多企业更喜欢崇尚实用教育学校的学生，因为在进入工作后，这些人会很快就能进入角色，而哥大学生在初始并没有显示出特别突出的优势，但假以时日，哥大学生却整体地表现出思路开阔、合作能力强、后劲足、善融合的特点。于是，人们开始反思大学教育“最主要的目的到底是培养怎么样的学生”这个问题。

哥大教育者认为，并不是所有的知识都要为我所用，也不可能做到所有知识都为人所用,但无论是思想的探索还是知识的繁荣,都需要一种宏观的眼光、宽广的视界。如此,所培养的人才才能真正地站到一个高度去思考问题,解决问题,也更能在日新月异的社会发展中站稳脚跟,不断开拓进取。

所以,哥伦比亚大学坚持它独特的"以'核心课程'为基础的通才教育"理念,重视各个科目的融会贯通,重视综合素质的培养,重视各类兴趣的引导,让每个学生可以根据自己的兴趣选择不同的学习和培养焦点。

不过,对于美国大学,尤其是名校来说,他们向来都十分注重综合素质的培养,注重专才和通才的结合。这从美国大学的录取方式就能看出端倪。

一般说来,在美国,名牌大学的录取主要会参考:

高中成绩(年级排名、课程的选择等等)和标准考试成绩(SAT、SATII、AP,等等)。这条标准并不很高,一般85%—90%的申请者都会过线。

是否具备个性特长,例如某项体育运动,位列世界前列的,或是国家队队员,州内前几名的。这属于"明星效应",一般都给予特别录取。

是否具有学业获奖经历,例如奥林匹克数学竞赛冠军,西屋科学奖得主,Spelling Bee最后的优胜者,等等,包括各式各类的不太有名的科学比赛的前几名。有此类经历的多半能给予加分、提级优先录取。

参与社区的活动、课外活动。

老师们的推荐信和自己的大学作文。一来了解学生的实际情况,二来通过论文写作形式看学生的写作水平、语法词汇,看学生的个性,看是否能体现学生的综合素质。

与中国的"一考定终身"完全不同,美国对申请人大学的学生采用复合评价,不仅要看你"大学入学资格考试"(SAT)的成绩如何,你平时的成绩也占一定的比例,还要看你有什么特长,甚至做过多少时

间的社会公益工作，中学老师的评价也是其中重要的一环。

注重综合素质的哥伦比亚大学，每年都会对提交入学申请者的综合素质进行认真的评估，从知识的适应能力到创造精神，从博雅文化到领袖气质，从鲜明的个性到学术精神，因为美国哥伦比亚大学要培养的是国家未来的精英，是在政治、法律、金融、管理和学术各个领域的顶尖精英。他们不需要只会考试的应试机器。

记得曾经看到一篇报道，说"美国全球SAT考试(即美国高考)成绩揭晓，武汉外国语学校学生徐柠汐取得2330分的成绩(满分2400分)，名列全球第一。"

一名中国学生在美国高考中的成绩接近满分，几乎相当于美国学生在中国高考中的成绩接近满分，其难度之大可想而知。不过徐柠汐并不是历年美国高考中成绩最好的中国学生，前一年，在美国念高中的中国女孩安娜，也在美国考了个全球第一。

与之相比，请美国人来做中国高考的英语试卷，恐怕都很难及格。湖北省就曾做过这样的"试验"，让五名"老外"做中国高考英语试题，结果，平均成绩为79分。

看来中国学生确实能应对各类的书面考试。但这则新闻的背后告诉我们什么？值得我们沾沾自喜吗？

与美国学生相比，由于教育方式不同，中国的学生掌握基础知识的能力普遍较强，并且习惯钻研考试的技巧，所以常常出现"××考试全球第一"，但这并不表明我们的教育水平比美国高，相反中国的人才培养质量不如美国。

一个习惯于钻研考试技巧，擅长应对考试的学生并不代表就是精英式的人才。所以，在诺贝尔的领奖台上，总

是频频出现美国人的身影，却难以看到中国人的身影。

根据2005年常春藤大学录取调查，3200位SAT满分的学生申请哈佛大学。结果哈佛大学录取的学生中56%SAT在1500分以下。在哈佛招生中，每年都有三分之二的“状元”学生被拒收。

一个白人女孩出生在一个富裕的家庭，富裕到她一辈子不工作也可以衣食无忧。这个女孩学习一般，因为她几乎把全部的课余时间用来做志愿工作了。

另外，高中的暑假，她也没有去哈佛大学暑期班、哥伦比亚大学暑期班、宾州大学的暑期班学什么大学预科，她天天到Dunkin Donuts去打工，挣钱。挣了钱，也不是攒学费，而是捐给拉美州两个穷苦的孩子上学了。

这个女孩在大学essay里写道：是的，我的父母有钱，但如果我从他们那里要了，捐出去，那是他们的慈善而不是我的。这三个暑假是我对社会的贡献。

她以1300多分的SAT被哈佛大学录取，并且被记录在学校的特别录取记录中。

这则资料反映了美国名校选拔人才的普遍理念和标准。在美国的名牌大学，录取的并非是考试优秀的学生，而是将要贡献社会，贡献世界的人。因为他们认为，许多情况下，所谓的“状元”除高分外，“一无所有”。

而在极力提倡“通才教育”“综合素质”的哥伦比亚大学看来，SAT是标准，但不是必要条件。SAT2100与2340没什么区别，在众多申请者中，可能有几千人跟你同样的分数。哥大真正看重的是综合素质，培养的是有核心能力的通用人才！

在哥伦比亚大学的历史上，曾招收过各类成绩一般，但领导能力或动手能力或社会活动能力等等方面突出的学生。在他们看来，这些都是人才，都符合：激情、热情（passion）；领导才能的素质（leadership）；动力、上进心

(detennination);正直(integrity)。

这是哥伦比亚大学十分看重的四项素质,也是美国名牌大学看重的四种素质,如果学生能表现出其中的一个方面就可以加分了。

俗话说:有什么样的教育,就会培养什么样的人才。精英之所以能成为社会的中坚力量,同大学时期乃至整个学生阶段所受的教育皆密不可分。或许大学普及率,研究生数量,教育经费的多寡都是中国与美国大学精英教育的差距所在,但是更重要的差距还在于选才标准和育才手段。

哥伦比亚大学小百科

哥伦比亚大学对本科生还有一个很重要的培养方法就是学生思辨的精神。哥大本科生有83%的课程上课学生都在20人以下，而且学生学习的一个主要方法就是课堂讨论和辩论。从古希腊的柏拉图·苏格拉底到当代的哲学和文学，都是课堂热烈讨论的话题。学生在这种活跃的受到鼓舞的人文氛围里，知识分子的素质得到很好的培养。哥大图书馆里藏有哥大自编的核心课程的教材,其中包括了像柏拉图《理想国》这样的核心课程内容。

第二课　与“通才教育”相对立的专才教育

每一个人均获致两种教育：有一种是别人所提供的，另外更重要的一种则是来自自己。

曾耳闻，有一位企业家在谈论当今大学生时，抛出了这样一句评语：“十有九人堪白眼，百无一用是书生。”这句话无疑刻薄得很，但静下心来细细深究，觉得他的话也不是完全没有道理。

因为在当今社会，很多人都有这样的感觉，就是如今的大学所培养出来的学生，普遍存在着综合文化素养不够、“知”的领域极其有限、底气不足、容易心浮气躁等问题。对于许多该知道的常识一问三不知，许多该读的书都没有读，许多该读许多遍的书读过一遍就算不错了，四年下来，胸中也没增长到很多见识，凭着那么几个舶来的时髦理论，就迫不及待地赶到人才市场去现学现卖。

我们说，造成这些现象的原因，有中国高中教育文理分科的因素，有中国大学教育传统模式的弊端，有大学师资有限且整体质量堪忧之虞，有教材更新速度太慢的毛病，但追本溯源，不得不追究专业分工轻视通用能力培养的大学教育目标的罪过。

据 CHR 可锐职业顾问调研中心日前针对京、沪、穗、深推出的一项调查显示：71%的职业白领教育经历与从事工作并不相符，其中近三成职业白领认为教育给他们带来的负面效益远大于正面效益，这三成职业白领基本均出自重点高校。调查还显示：七成白领求职时不同程度地对教育经历灌水。

从这则数据可以看出，大学毕业生踏上工作岗位，有七成左右的人并不从事其大学所学专业的相关工作，在很大程度上，大学的专业教育成了无用功，而今后在工作中所必需的通用能力的培养和文化修养的积淀却在大学阶段教育中极度缺乏。

虽说社会是一个高度分工的社会，每个人都有发挥才能、贡献社会的岗位，但社会的不断发展更需要高度的整合。

综观社会的不断进步发展，知识陈旧的周期在不断缩短，伴随一项新的科技的兴起，会淘汰许多旧的产品、旧的工序，并随之产生大批前所未有的新产品和新工艺。对此，专才势难适应，而通才却可大显身手，成为推动社会迅速发展的动力。

除此之外，新科技的不断革新，促使边缘学科和交叉学科大量涌现，许多学科之间已失去或正在逐渐失去原有的严格界限。新的科学技术的生长点，理论上的重大突破，技术上的重大发明，其创新的爆发点大都出现在学科之间的空白地带上，出现在学科的渗透和转移之中。

不仅如此，跨学科、跨行业的现象在如今的社会越来越凸显，而且各学科的综合趋势也越来越显著，许多学科你中有我、我中有你，互相影响，互相渗透，这势必要求人们在专精于某一学科的同时，也不能忽视扎实的人文、社会和自然科学的基础知识。因为知识广博、视野开阔的人更易于产生灵感，触类旁通，新意迭出。

在这样的背景下，重培养专才而轻通才教育，将“专业”学习研究与“通识”学习研究割裂开来，必然会使各个不同学科之间的鸿沟越来越深，使每个科系学生的学习日益分立，将学生日渐塑造成专此一门而别无所知的“片面人”。这样，某个行业若一旦实行更新换代，这个行业的工作人员很有

【专才教育】

与通才教育对应的是专才教育，专才教育是指培养专门人才的教育。专才教育比较注重学生实际工作能力的培养，培养的人才短期内具有不可替代性，但在专业划分过细的情况下，片面强调职业教育，会造成学生知识面狭窄，并影响后期发展。

可能因为这个“饭碗”的消失或被其他“饭碗”所更替而丢了吃饭家伙，假使他对其他行业、其他技能一无所知，则很有可能遭遇失业的险境，为社会所淘汰。

并且，在整个大学教育上，中国的专业性也没有得到充分的发挥，甚至有不少是将专业相关或相似的课程拿来凑数。同哥伦比亚大学的“以‘核心课程’为基础的通才教育”相比，中国的高等教育既不专业又不通用，在许多时候，已经成为换取学历文凭的一种手段。

前不久，正巧朋友的孩子大学毕业找工作，就与他谈起了他对大学课程学习的一些看法。他告诉我：“我们大学上的课很杂，几乎什么都学，专业课也没什么针对性。而且这些杂乱的科目也没有在真正意义上开拓我们的眼界和思路，也没有锻炼我们今后在工作中所必须掌握的部分能力。学生们的感觉就是学校为了凑满课时数，或是根据老师能上什么就给安排什么课，却忽视了学生的需求。这样的课程对毕业后找工作没有太大的帮助，所以不少人只好在自己的教育经历上动动手脚，美化自己的经历了。”

我想，他的想法在中国大学生中有一定的普遍性，专业不专，杂却不实用，高等教育已经同社会需求脱节了。

北大校长许智宏认为，当初在新中国成立初期，由于技术的落后和科技革新的紧急使命，中国急需大量有专业特长的人才。因为专业化的培养模式无疑最适合当时中国快速工业化的社会需要。由此，中国高校的教育长此受着“精专”思想和分科过细的影响，认为只要专业选得对，学得好，就好像抱了个金饭碗，未来必定光芒一片。

然而，由此出现的现实问题是，随着中国由计划经济逐步向市场经济转化，如今的大学生就业模式已经不同于过去的定向培养。如果之前一贯的人才培养模式不转变，很难适应这日新月异的社会发展和职业需求。

通识教育是对任何专业的学生的长远考虑，而不是单纯的急功近利、追求立竿见影之效。如果学生不了解各个领域最基本的法则，所“知”东西无论就其“量”还是“面”都很单薄空洞，很难在这个瞬息万变的信息时代真正成为专业人才。

其实，除了大学的教育因素外，大学之前的基础教育，也对精英人才的成长起着关键的作用。但是在中国，从高中开始就实行文理分科，在一定程度上扼杀了学生掌握全面知识的可能。并且各个科目都自成一体，知识丰富却又刻板，并不同其他的学科相渗透、结合。

“考考考，老师的法宝；分分分，学生的命根。”长期实行应试教育、专才教育的我们，恰恰忽视了学生综合素质的培养。

让我们来看看中国填鸭式的教育，以历史和体育为例：

历史：不厚的教材包含了中国几千年、世界几千年，上课的步骤就在于分析无数事件的背景、年代、人物、起因、经过、结果、意义等。在整个历史学习的过程中，学生没有独立分析的能力，不过是在不断地重复书本或是权威的观点。大多数学生没有读过一本历史专著，也没有学会如何用史实论证以至阐述自己的观点，更不用说用历史的眼光看待和分析我们今天所面对的这一纷繁复杂的世界了。

体育：根据国家教委颁布的全日制高中课表，我们的学生每周有两节体育课，按照时间和人数的比例，每节课每个项目轮到每个学生的实际时间一般只有几分钟。体育教学不受重视，但也实行僵硬的考试制度，在高三、初三等“非常时期”体育课常有被其他主课占用的现

象。学生身体素质普遍下降。

虽然在中国,“素质教育”,“培养综合能力”的口号已经喊了多年,但是这些情况却依然是现实。学生的能力和综合素质始终得不到真正的提高,无法适应实际操作和今后的工作,这是中国教育的悲哀。

再来看看美国的基础教育,对于学生各方面素质的培养,同样以历史和体育为例:

历史:到了高中,学习的重点放在重大历史事件的分析上。如学习中国史的同学,在学了某次事件之后,就要在教师指导下读一两本专著,在图书馆查阅当时的报纸杂志上关于当时一些事件的报道,在班里进行讨论,然后写出自己的论文。学生要学会以史实作为论据提出自己的观点,写上一篇有理有据有索引的论文,并以此学会了用史实来分析昨天、看待今天。

体育:体育是美国的骄傲,被认为是一个人必须参与和加强的科目,能锻炼体魄,同时也被认为能培养学生集体主义观念、吃苦耐劳和顽强拼搏精神。美国的中小学均是上午八时至下午两时上课,下午两时至五时是体育活动时间。所有学生都必须参加一个运动队,根据学生水平分为甲、乙、丙三级;同时还有初学者俱乐部。在不同的赛季,校际展开不同项目的比赛。每周都有一次赛事,比赛中学生们穿着正式的比赛服装,有正式裁判,很多学生家长前来加油助威,赛场气氛热烈、活跃,给整个校园增添了活力。

或许由于两国的传统文化和国情、经济发展水平等都不尽相同,对于西方国家的教育模式也不能完全照搬,且我们的教育也绝非毫无优势可言,但是美国培养学生各方面能力、综合素质的教育理念却值得我们学习。

美国基础教育的思想是:培养学生对各科的兴趣,努力使学生养成善于思考的习惯、独立学习的能力;面向全体学生,注重个体差别,使每一个学生都能在基础教育阶段培养出全面的素质和独立的人格。

美国对于整个教育阶段，甚至包括大学阶段，都会通过各门课程互相反复交叉灌输来加深知识的理解，并配以大量的教学活动辅助学生不断积累知识。学校更注重知识积累的过程，而对结果的要求与中国相比较为宽松。

这样的教学方式更新颖活跃也更富有创造性，能大大地鼓励和刺激学生的学习欲望，也能在很大程度上实现知识的融会贯通，适应现代各学科的互相渗透。正是有了这样的基础教育理念，保证了大学期间这种传统理念的延续，保证了为美国社会培育的精英人才能适应时代，具备良好的综合素质。

与之相比，中国学生的知识积累主要来源于死记硬背及大量的题海战术，适用于考试却难以运用到实际生活中，甚至出现大量考完就将知识“丢弃”的现象。

哥伦比亚大学小百科

哥伦比亚大学对其学生还有一个很重要的鼓励就是其国际化的交流。哥大还有10%的国际学生来自世界各地，在校园就创造了一种国际文化。在20多年前，哥大学生只有5%的学生去国外交流学习一学期或一年，成绩算学分，如今这个比例已经达到30%，哥大认可其学生在国外大学正规学习的课程，当然旅游是不算的。目前，哥大为其学生提供了全世界50多个国家150多个交流项目的学习课程，学生只要想申请，都有机会出国学习一学期，作为完成哥大学习的重要一部分。

第三课　哥伦比亚大学名人榜——徐志摩

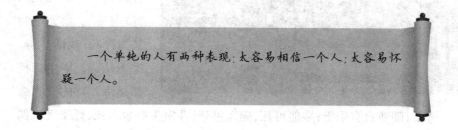

一个单纯的人有两种表现：太容易相信一个人；太容易怀疑一个人。

1910年入杭州府中学堂，并在校刊《友声》上发表文章，介绍自然科学知识，提倡用小说改良社会。1918年赴美国克拉克大学（Clark University）学习银行学。1921年开始创作新诗。

1922年返国后在报刊上发表大量诗文。1923年，参与发起成立新月社，加入文学研究会。1924年与胡适、陈西滢等创办《现代诗评》周刊，任北京大学教授。印度大诗人泰戈尔访华时任翻译。

1925年任北京大学教授，赴欧洲，游历苏、德、意、法等国。1926年在北京主编《晨报》副刊《诗镌》，与闻一多、朱湘等人开展新诗格律化运动，影响到新诗艺术的发展。

同年移居上海，任光华大学、大夏大学和南京中央大学（1949年更名为南京大学）教授。和胡适、闻一多等人创立“新月书店”、创办《新月》杂志。

1927年参加创办新月书店。次年《新月》月刊创刊后任主编。并出国游历英、美、日、印等国。1930年任中华文化基金委员会委员，被选为英国诗社社员。同年冬到北京大学与北京女子大学任教。

1931年初，与陈梦家、方玮德创办《诗刊》季刊，被推选为笔会中国分

会理事。同年11月19日，由南京乘飞机到北平，因遇大雾在济南附近触山（山东女子学院东），故飞机失事，因而遇难。更为巧合的是，失事飞机叫“济南号”。蔡元培为其写挽联：谈话是诗，举动是诗，毕生行径都是诗，诗的意味渗透了，随遇自有乐土；乘船可死，驱车可死，斗室生卧也可死，死于飞机偶然者，不必视为畏途。

明正德年间，徐松亭在硖石经商，家居于硖石，为硖石徐氏分支之始祖。徐志摩即其族人。1897年1月15日，徐志摩出生于浙江省海宁市硖石镇，按族谱排列取名徐章垿，字槱森，因其父属猴，名申如，得子亦是属猴，故又取小字幼申。笔名有南湖、诗哲、海谷、谷、大兵、云中鹤、仙鹤、删我、心手、黄狗、谔谔等。志摩是在1918年去美国留学时他父亲给另取的名字。说是小时候，有一个名叫志恢的和尚，替他摩过头，并预言“此人将来必成大器”，其父望子成龙心切，即替他更此名。

徐志摩是徐家的长孙独子，自小过着舒适优裕的公子哥的生活。沈钧儒是徐志摩的表叔，金庸是徐志摩的姑表弟，琼瑶是徐志摩的表外甥女。

小时在家塾读书，11岁时，进入硖石开智学堂，从师张树森，从而打下了古文根底，成绩总是全班第一。

1910年，徐志摩满14岁时离开了家乡，来到杭州，经表叔沈钧儒介绍，考入杭州府中学堂（1913年改称浙江一中，现为浙江省杭州第四中学），与郁达夫同班。他爱好文学，并在校刊《友声》第一期上发表论文《论小说与社会之关系》,认为小说裨益于社会,“宜竭力提倡之”,这是他一生的第一篇作品。同时,他对科学也有兴味。并发表了《镭锭与地球之历史》等文。

1915年夏,徐志摩毕业于浙江一中,接着考入上海浸信会学院暨神学院(沪江大学前身,现为上海理工大学),同年十月,由家庭包办,与上海宝山县罗店巨富张润之之女张幼仪结婚。

生性好动的徐志摩并没有安心念完浸信会学院的课程,1916年秋,离沪北上,到天津的北洋大学(天津大学)的预科攻读法科。翌年,北洋大学法科并入北京大学,徐志摩也随着转入北大就读。在北方上大学的两年里,他的生活增添了新的内容,他的思想注入了新的因素。在这高等学府里,他不仅钻研法学,而且攻读日文、法文及政治学并涉猎中外文学,这又燃起他对文学的兴趣。这一时期他广交朋友,结识名流,由张君劢、张公权的介绍,拜梁启超为老师,还举行了隆重的拜师大礼。

梁启超对徐志摩的一生影响是大的,他在徐志摩的心目中的地位是举足轻重的。徐梁虽系密切的师徒关系,但他们二人的思想差别还是存在的,已经接受了资产阶级民主自由思想的徐志摩,不顾一切,舍命追求他的理想的人生,他要争取婚姻恋爱自由。他在北方上大学时期,亲身感受了军阀混战的场景,目睹屠杀无辜的惨象。他厌恶这“抹下西山黄昏的一天紫,也涂不没这人变兽的耻”(徐志摩:《人变兽》战歌之二)的社会,他决计到国外留学,寻求改变现实中国的药方,实行他心中的“理想中的革命”。徐志摩怀着“善用其所学,以利导我国家”(1918年8月14日徐志摩《启行赴美文》)的爱国热情,离开北大,1918年8月14日从上海启程赴美国留学。留学第一年,进的是美国乌斯特的克拉克大学,他进历史系,选读社

会学，经济学，历史学等课程，以期自己将来做一个中国的“汉密尔顿”。

入学10个月即告毕业，获学士学位，得一等荣誉奖。但他并不以此为满足，当年即转入纽约的哥伦比亚大学的研究院，进经济系。徐志摩他获得了广泛的哲学思想和政治学的种种知识。是年，“五四”革命运动的浪潮也辗转波及远隔重洋的美国的中国留学生群中，徐志摩也为爱国心所驱使，参加了当地留学生所组织的爱国活动，经常阅读《新青年》《新潮》等杂志，同时，他的学习兴趣，逐渐由政治转向文学，因而得了文学硕士学位。

徐志摩在美国待了两年，但他对美国资本主义社会资产阶级掠夺的疯狂性、贪婪性，讲求物质利益却感到厌倦，他又受到英国哲学家罗素的吸引，终于摆脱了哥伦比亚的博士衔的引诱，买舟横渡大西洋，不料罗素个人生活发生意外的变故，致使他不曾达到跟随罗素从学的夙愿，结果“在伦敦政治经济学院里混了半年”，正感苦闷想换路走的时候，这时，他结识了林长民及其女儿林徽因，并由于林长民介绍，认识了英国作家高尔斯华绥·狄更生。由于狄更生的介绍和推荐，徐志摩以特别生的资格进了剑桥大学皇家学院。

徐志摩在英国也住了两年，在英国，尤其是在剑桥的这段生活，对他的一生的思想有着重要的影响，是他思想发展的转折点。在剑桥，他深深感到“大自然的优美，宁静，调谐在这星光与波光的默契中不期然地淹入了你的性灵”（徐志摩：《我所知道的康桥》）。徐志摩忘情于康桥，沉迷于大自然，乃是因为他以为现实社会是丑陋的，生活是痛苦的，只有大自然是纯洁的，美好的，为要救治这个社会和人们，医治当前生活的枯窘，最好的办法是：离却堕落的文明，回向自然的单纯。

只有接近自然,才能回复人类童真的天性,社会的病象就有缓和的希望。他在剑桥接受资产阶级的贵族教育,接受了“吸烟的文化”,他是那么赞赏英国,那么留恋牛津和剑桥。

他喜与英国名士交往,他广泛地涉猎了世界上各种名家名作,也接触了各种思潮流派,在这个时期,孕育了他的政治观念和社会理想,胚胎了他的自我意识——理想主义,他自己要成为一个“不可教训的个人主义者”。

剑桥的环境,不仅促成并形成了他的社会观和人生观,同时,也拨动了他的求知欲,触发了他创作的意念。他开始翻译文学著作,他翻译了英国作家曼殊斐尔的几个短篇,德国福沟的小说《涡堤孩》,法国中古时的一篇故事《吴嘉让与倪阿兰》,意大利作家丹农雪乌的《死城》和伏尔泰的作品《赣第德》。

同时,他诗兴大发,写了许多诗,他的“心灵革命的怒潮,尽冲泻在你(指康桥)妩媚河中的两岸”(徐志摩:《康桥再会吧》)最为经典。他崇拜的偶像不再是美国的汉密尔顿,而是英国的雪莱和拜伦,他“换路”走入诗人的行列。

徐志摩的文学生涯

徐志摩与诗本来是一无家族渊源,二无个人癖好,可是,在英国剑桥大学留学期间,却一反往常,不写则已,一写不止,形成了他诗歌创作的暴发期。这时期他虽然写了那么多诗,但现今散见于一些报纸杂志的也仅有二三十首,大部分都散失掉了。但从尚能见到的有限的诗篇中,还可以约略窥见徐志摩初期诗作的状况和他的思想印痕。

这时的徐志摩为什么写诗像着了魔似的,他是怎么爆发诗情的?

【徐志摩作品成就】

诗歌集著有《志摩的诗》《翡冷翠的一夜》《猛虎集》和《云游》;散文集有《落叶》《秋》等;小说集:《轮盘》;戏剧有《卞昆冈》;日记有《爱眉小札》《志摩日记》等;译著有《曼殊斐尔小说集》等;他的作品已编为《徐志摩文集》出版。

首先，与他当时所处的生活环境有关，是他生活的剑桥的环境触发了他的诗兴，点燃起他的创作欲念的。他说："我在康桥的日子，可真幸福，生怕这辈子再也得不到那样甜蜜的洗礼"（《吸烟与文化》）。因此，这时期，他创作了像《夏》《夏日田》，此时，他的个人生活"照着了一种奇异的月色"。

1921年秋天，他认识了"人艳如花"的"才女"林徽因，徐志摩与她交往甚密，随后谈起恋爱，并有谈论婚嫁之意。

于是，徐志摩在1922年3月向张幼仪提出离婚，认为他们不应该继续没有爱情、没有自由的结婚生活了。自由离婚，止绝苦痛，始兆幸福，这是徐志摩的单纯的理想主义，他在追求着一种理想的人生，他感到生命似乎受到"伟大力量的震撼"，他要发抒，他要歌吟，因此，像《情死》《月夜听琴》《青年杂咏》《清风吹断春朝梦》等表现爱情和人生理想的诗歌，也就构成了他这时期诗歌的重要内容。再有，他所以倾向分行的抒写，是他接触了大量的英国文学艺术，拜伦、雪莱、济慈、哈代等的作品令他入迷。他吹着了这股"奇异的风"——欧风，他踏着他们的路，于是借助诗的形式，把他的思想感情"奇异"地表现出来。

因此，徐志摩对在英国剑桥这段生活分外留恋，他不无感慨，异常兴奋，他大量作诗，他这时诗情汹涌暴发的情景，在他的《草上的露珠儿》长诗中有所反映。这是迄今为止我们见到的他的最早的一首诗，这首诗不仅表达了他当时的抱负和志趣，而且形象地传达出他的诗绪汹涌的状态，他开放创造的喷泉，他放喉歌吟，因此，他要做一个诗人了。这些早期诗歌，总的是调子清新，情绪高扬，反映了"青春的呼唤，燃点着希望灿灿"（徐志摩：《春》）。同时，也开始多方探求新诗的形式，诗式比较多样，但尚未定型，有自由体，新格律体，也有西洋诗体，甚至还有无标点诗，但讲求音韵、节奏,格式的匀称和整齐,要求"声调流利好听,形式轻盈柔美",这也正是徐志摩作诗的一贯追求。

英国剑桥的生活固然使他迷醉,但思乡怀国之情缠绕着他,于是在1922年8月离开欧洲,启程回国。回国途中,曾在新加坡、中国香港、日本稍作停留,经历两个月的旅程,于10月15日到达上海。

回国后,徐志摩开始了另一种生活。现实社会的纷扰,扰乱了他内心的平衡,有时还感觉精神上的烦闷和焦躁。于是他将自己的感受和体验诉之笔端,开始了文学创作的生涯。

1922年秋徐志摩回国后,他的诗情没有中断,继续诗歌创作并公开在各种杂志上发表。《志摩的诗》是徐志摩自己编选的第一个诗集,集中收录的大都是1922——1924年之间的作品,这个诗集的出版,使他名声大振。在这本诗集中可以约略见出徐志摩在回国初年的生活思想状况以及他所"泛滥的感情"。大致是:抒发理想和表现爱情的;暴露社会黑暗和表达对劳苦人民的同情的;探讨生活哲理的;写景抒情的。

【徐志摩诗歌特点】

字句清新,韵律谐和,比喻新奇,想象丰富,意境优美,神思飘逸,富于变化,并追求艺术形式的整饬、华美,具有鲜明的艺术个性,为新月派的代表诗人。

他满怀英国剑桥式的人生理想,期望在中国实现他的理想主义。《雪花的快乐》是《志摩的诗》开卷第一首,它可算作徐志摩早期诗歌的代表作之一。作者运用隽秀柔和的笔调,描绘了雪花优美的形象,生动地写出了雪花的快乐。诗的节奏轻快,调子舒展明朗,意境优美。

其他如《为要寻一颗明星》《这是一个懦怯的世界》《我有一个恋爱》《婴儿》《多谢天!我的心又一度地跳荡》等篇,与《雪花的快乐》一样,表达了作者对理想的追求。它们既是抒情诗又是爱情诗,表现了对人身自由的向往和对恋爱自由的渴望。要求人身自由、恋爱自由正是他的理想主义的内容,因此,这二者往往密不可分地交织在一起。然而,他的理想主义与中国的社会现实存在着距离和不可调和的矛盾,他与林徽因的恋爱结果遭到破灭,他所追求的理想的人生和理想的社会终不能实现,于是,使他忧郁、苦闷。因此，这些诗篇也程度不同地蒙上了悲凉的氛围，成了“苦闷愤怒的情感的无关阑的泛滥”。这种消极悲观的思想情绪在那些小诗中，表现得更加明显，如《消息》《一星弱火》《问谁》等。

1924年4月，印度诗人泰戈尔来华，给徐志摩的生活和创作带来了一定的影响。他与泰戈尔建立了友谊，泰戈尔给他取印度名素思玛。5月底，泰戈尔离沪去日本，徐志摩与他同行，《志摩的诗》中的《沙扬娜拉》那首诗，就是在逗留日本期间写成的。徐志摩擅长于抒情诗，同时也喜欢写泰戈尔那样的哲理诗。《志摩的诗》中，有一些是描写贫富悬殊穷人痛苦生活的诗篇。这类诗数量虽不多，但内容比较充实，反映了社会现实生活的某一侧面，具有一定程度的社会意义。《志摩的诗》中还有一些写景抒情诗，比如《沪杭车中》。

这个诗集就整体看，反映生活的容量是不大的，内容的发掘是不够深刻的，思想感情也并非全是那么积极和健康。但从它的表现技巧看，“几乎全是体制的输入和试验”。诗的形式变化多样，有长诗，短句，自由诗，散文诗，更多的是对西方的诗式进行试验。这一时期，是徐志摩诗式的试验期，也是他诗歌技巧的磨炼期，他是在摸索和试验中显露出他诗人的才华和诗歌的独特风格的。

徐志摩作诗十分注意意境，《志摩的诗》中大部诗作，形成他独辟的艺术境界，如《雪花的快乐》，作者把对理想的追求的主观感情与客观的自然景象交融互渗，从而化实景为虚境，创造出了一个优美的艺术境界。此外，他的诗歌具有形象性，可感性，这得力于他的丰富的想象力。他的想象和比喻不仅与众不同，而且，他能把看来比较抽象的事理，化为生动、可感、可见的具体形象、像《毒药》《白旗》《婴儿》是三首内含哲理的散文诗，他也使出了艺术想象的本领，依仗这种特别的感受力去描绘事物。

《志摩的诗》有它的特色，有它的成功，也

有它的不足。撇开内容不谈，就以表现形式来说，洋味较浓，民族化不足，有的诗句显得生涩和矫揉造作，在韵式和韵的运用上也有不规整之处，诗的技巧还不十分成熟。

《翡冷翠的一夜》是徐志摩的第二个诗集，是他的1925—1927年部分诗歌创作的汇集。这一时期徐志摩的思想和生活发生了一个较大的波折。1924年4月，他在北京认识了陆小曼，并着了魔似的与她热恋起来，此事招致社会的非议和家庭的反对。但他俩全不顾这一切，可一时又难以解决，徐志摩在十分痛苦和矛盾的心情下，于1925年3月11日启程出国欧游，想暂时摆脱一下生活上的苦恼和困境。

他在意大利的翡冷翠（即佛罗伦萨）住了一段时间，他将他的伤悲，他的感触托付纸笔，写了不少诗，因此，这部诗集就题名为《翡冷翠的一夜》，这个诗集，除了有哈代、罗赛蒂等英国作家的译诗外，还有像《西伯利亚》《在哀克刹脱教堂前》那样漫游欧洲时对异乡他国生活的感受。他也写了不少爱情诗篇。《翡冷翠的一夜》，可以看作是记叙了当时他和陆小曼之间的感情波澜，他的热烈的感情和无法摆脱的痛苦。

1925年和1926年，中国的革命运动蓬勃兴起，五卅事件与三·一八惨案引起他的“愤慨”和“悲切”，为纪念“三·一八”，他写了《梅雪争春》，揭露了军阀屠杀无辜，连13岁的儿童也惨遭杀害。在《大帅》《人变兽》的诗篇中，暴露了军阀活埋伤兵、杀死人民的血腥罪行。

他的思想起了“波折”，“流入怀疑和颓废”，认为现在是受罪时期，因此，不少诗篇失去乐观调子，相反染上了一层忧郁、失望、逃避现实的颓废色彩。他诅咒生活，赞颂死亡，要辞别人间去殉恋爱。想象奇特，思想灰暗。当然，这个诗集也还有少量调子比较积极明朗的诗篇。

这个诗集在艺术技巧上如闻一多说的“确乎是进步了”。对诗的形式技巧更加注意推敲，除了在诗式上更多样化，什么对话体，打夯歌、豆腐干式；既有叙事，也有抒情，他也醉心于诗的音节与格律。

徐志摩的情感生活

1915年，由政界风云人物张君劢为自己的妹妹张幼仪提亲，徐志摩把从未谋面的新娘娶进了门。张幼仪端庄善良，具有中国传统的妇女美德，尊重丈夫，孝敬公婆，贤淑稳重，善操持家务。婚后生了两个儿子，能相夫教子。然而，徐志摩在张幼仪生完第二个儿子正虚弱的时候，递上了离婚协议书。

林徽因游历欧洲，在英伦期间，结识了当时正在英国游学的徐志摩。当时徐志摩已是一个两岁孩子的父亲。徐志摩被林徽因出众的才华与美丽所吸引，苦苦地追求林徽因，并不惜与发妻张幼仪离婚。但林徽因经过理智的思索，和父亲一起提前回国了，而且是与志摩不辞而别。

【徐志摩的婚姻生活】

1915年，与张幼仪结婚，后于1922年3月在柏林离婚。徐志摩与林徽因的感情没有结果，而后遇到了陆小曼。1926年10月3日两人举办婚礼，胡适做介绍人，梁启超为证婚人。

徐志摩写给林徽因的那首有名的《偶然》诗是这样写的："我是天空里的一片云/偶尔投影在你的波心/你不必讶异/更无须欢喜/在转瞬间消灭了踪影/你我相逢在黑夜的海上/你有你的/我有我的方向/你记得也好/最好你忘掉/在这交会时互放的光亮。"这是徐志摩对林徽因感情的最好自白，一见倾心而又理智地各走各的方向，这就是世俗所难理解的一种纯情。

徐志摩留学后回到北京，常与朋友王赓(一个军官)相聚。王赓的妻子陆小曼，对徐志摩影响甚大。徐志摩和陆小曼在北京交际场相识相爱。徐志摩与陆小曼在刚结婚的前段日子里，虽然徐父徐母对陆小曼依然心有不满，但是两人也过得浪漫、惬意。只是到了后期，由于陆小曼的病，由于徐志摩的父亲徐申如的拒绝接纳，由于鸦片的侵蚀等诸多原因，陆小曼变得越发娇慵、懒惰、贪玩，浑没了当初恋爱时的激情，似乎不再是一个有灵性的女人。

她每天过午才起床，在洗澡间里摸弄一个小时，然后吃饭。下午作画、写信、会客。晚上大半是跳舞、打牌听戏。徐志摩为了使妻子心喜，就一味迁就她。虽然在口头上常常婉转地告诫陆小曼，但效果不大。后来，徐志摩的父亲徐申如出于对陆小曼极度不满，在经济上与他们夫妇一刀两断。徐志摩要从父亲处拿钱是不现实的，因此，他不得不同时在光华大学、东吴大学、大夏大学三所学校讲课，课余还赶写诗文，以赚取稿费。

1929年，徐志摩辞了东吴大学、大夏大学的教职，继续在光华大学执教，1930年秋起又在南京中央大学教书，并兼任中华书局编辑、中英文化基金会委员。上海南京两地来回跑，1930年秋，即陆小曼29岁那年，徐志摩索性辞去了上海和南京的职务，应胡适之邀，任北京大学教授，兼北京女子师范大学教授，以挣家用，仅1931年的上半年，徐志摩就在上海、北京两地来回奔波了8次。

当时，人均的年薪为五块大洋，而徐志摩一年即可挣到几百大洋，但是即便如此，仍然满足不了家庭的花销。在即将去听林徽因演讲的前一天，徐志摩说钱不够用后与陆小曼吵了一架。

纪念诗人徐志摩

1931年11月19日早八时，徐志摩搭乘中国航空公司“济南号”邮政飞机由南京北上（该飞机是张学良的专机，徐志摩免费乘坐），他要参加当天晚上林徽因在北平协和小礼堂为外国使者举办中国建筑艺术的演讲会。当飞机抵达济南南部党家庄一带时，忽然大雾弥漫，难辨航向。机师为寻觅准确航线，只得降低飞行高度，不料飞机撞上开山（现济南市长清区崮云湖街道办事处境内），当即坠入山谷，机身起火，机上人员——两位机师与徐志摩全部遇难。

徐志摩的墓地在历史上一共经过三次变迁：

第一次：徐志摩的墓地原来在东山玛瑙谷万石窝，由胡适之题写“诗人徐志摩之墓”碑文。早年间胡适题词的这块徐志摩墓地，在动乱中荡然无存。

第二次：徐志摩老父徐申如对于胡适先生题字的墓碑感觉过于简短，又请到徐志摩生前红颜知己，被称为闺秀派才女的凌叔华，请她为徐志摩再题一块碑文。凌叔华欣然应允，她所题碑文取自曹雪芹“冷月葬花魂”的寓意，转化为“冷月照诗魂”。此块墓碑也在动乱中丧失。

第三次：徐志摩的墓地因动乱坟陵早已损毁，故乡百姓为了表示纪念，由政府拨款把徐志摩的墓地迁葬到西山北麓白水泉边。

徐志摩的外亲、著名建筑学家、同济大学陈从周教授设计并撰迁墓记。西山墓地古典雅致，白石铺地，青石为阶，半圆的墓台恰似一弯新月，有诗坛“新月派”的寓意。墓碑沧桑厚朴，海宁籍书法大家、曾任西冷印社社长的张宗祥先生根据胡适之原文补题碑文。墓碑两侧各有一方白石做就的书形雕塑，刻着徐志摩《再别康桥》等名诗名句。

“轻轻的我走了，正如我轻轻的来。”“我挥一挥衣袖，不带走一片云彩。”《再别康桥》中这两句著名的诗句，镌刻在这块白色大理石碑上。

2008年7月2日，剑桥大学国王学院的后园立了一块白色大理石的石碑，上面刻录了中国最著名的诗歌。它就是20世纪中国最伟大的诗人（存有争议）徐志摩的《再别康桥》。很多中国人都对这首诗怀有深厚的情感。

徐志摩是在国王学院的后园创作这首诗的，而且诗中“河畔的金柳”被认为抒写的正是国王学院康桥边上的柳树。石碑就立在不远处。几乎所有中国知识分子都知晓此诗，并被它深深感动。这块诗碑将成为中国和剑桥大学,尤其是和国王学院之间联系的纽带。1921—1922年间,通过他的朋友狄更生,徐志摩在国王学院旁听了一年的政治和经济课程。正是在剑桥受到诗人济慈和雪莱的影响,志摩才真正开始写诗。

剑桥的一位中国朋友,江·西蒙将《再别康桥》的首行和末行刻在了石碑上,并将它带到剑桥。石碑用的是北京的白色大理石,立在此地以作为连接中国与国王学院间纽带的标志。

哥伦比亚大学小百科

哥伦比亚大学是世界最具声望的高等学府之一。它位于美国纽约的曼哈顿,濒临哈德逊河,在中央公园北面。它于1754年根据英国国王乔治二世颁布的《国王宪章》而成立,命名为国王学院,是美洲大陆最古老的学院之一。美国独立战争后,国王学院正式更名为哥伦比亚学院,1896年成为哥伦比亚大学。

因为经济问题,1857年,哥伦比亚大学校区由曼哈顿下城迁至中城,在此后的40年间,学校增设了医药、法律、工程、政治、建筑、哲学和理论科学等系所。1897年,哥伦比亚大学再迁至目前的校区,而至1912年,图书馆学系、口腔外科、新闻学院、教育学院等先后加入哥伦比亚大学,哥伦比亚大学正式成为一所综合性大学。

第四课　开启“通才”之路

假如你认为教育是昂贵的话，你不妨尝试评估无知的代价。

中国高校教育关于“通才”的思考

几十年前，哥伦比亚大学学子兼名誉文学博士冯友兰在回忆清华大学往事时，不无遗憾地说：

“当时教授会经常讨论而始终没有完全解决的问题，是大学教育的目的问题。大学教育培养出来的是哪一种人才呢？是通才呢？还是专业人才呢？如果是通才，那就在课程设置方面要求学生们都学一点关于政治、文化、历史、社会，总名之曰‘人文科学’。如果是专业人才，那就不必要有这样的要求了。这个分歧，用一种比较尖锐的提法，就是说，大学教育应该是培养‘人’，还是制造‘机器’？”

究竟是培养“人”，还是制造“机器”——这不仅是清华大学，也是一百多年来中国教育者始终在思考着的一个大问题。如果这个问题不解决，国人难免会因方向不明确而丧失思考和创造的能力。而在这样教育目标模糊的情况之下，谈论和展望中国的未来将要如何如何，中国教育的未来将要怎样怎样，也就变得缺乏底气，似空中楼阁了。

冯友兰，这位经过哥大思想熏陶过的中国人，深刻地认识到通才教育的重要意义，在他担任清华和北大的教职工时，曾就中国要进行通才教育

的问题提出了自己的深刻见解。培养“人”，还是培养“机器”，一针见血地指明了当代教育的软肋所在。

同样出自哥伦比亚大学的美国教育家杜威，在经过了哥大的思想锤炼之后，与冯友兰有着类似的见解：

“一种真正自由解放的教育，不会将任何程度的职业训练与社会、道德及科学的边疆教育相隔离，大学应该是成‘人’的摇篮。”

其实，早在1941年4月，清华大学校长梅贻琦便借着清华纪念建校30周年举行学术讨论会的机会，与著名教育学家、哥伦比亚大学学子潘光旦先生合作发表了《大学一解》一文，并指出：

“大学期内，通专应兼顾，而重心所寄，应在通而不在专，换言之，即须一反目前重视专科之倾向，方足以语亲民之效。”

这段话放到今天来看，依然极有现实意义。综观如今的大学教学，我们不难发现，绝大多数的大学在新生还未进校门之前，高考志愿的填写中就已经让学生选择好了自己的专业。如果学生最终为某个学校所录取，则你的专业基本也被确定好了。

其实，学生在当时对很多学科都还没有形成一定的认知度，当时所选的专业，凭借的也是师长朋友的建议、自己的直观感受或是当时的社会热门专业等。而这个选择，往往维系了一个学子整个的大学生涯甚至于整个人生，可见其分量之重，责任之大。

前不久，某报刊上登载，一清华大学化学系硕士生在泉州一学校跳楼自杀，在他的遗书中有这样的文字：“对不起，我找不到工作……爸爸妈妈，儿子不孝，找不到工作……不愿意成为家里的拖累，这就是我选择……的原因。”

类似的事件，相信你曾经必然也听说过。在对这样的事表示痛惜的同时，我们是否更应该深刻思考惨案发生的根源：名牌大学的硕士生，为何连个工作都找不到？毕业，难道真的等于失业吗？

要知道在中国的很多贫困地区，父母为了自己的孩子能有一个光明的未来，不惜倾尽自己的全力，将孩子送进学校深造，冀求孩子能够有一个辉煌的前途，光宗耀祖。孩子背负着父母和亲戚沉甸甸的期望，踏上了自己的求学之路。原本满怀期望，在毕业之后能够有一番作为，减轻家人的负担，却没想到，求职之路竟然比求学之路更加坎坷，处处碰壁。经受不住重重的压力，终于令惨剧发生……

透过事实，我们看到，学生本身纵然要在这种事情上自负一定责任，如受挫折承受能力太差、思想不够积极等，但不可否认，教育者更应该就中国的教育模式好好地做一下检讨和反思，学生在学校里到底学到了什么？如果他的所学是社会所需所求的，那么毕业又怎么会和失业画起等号？

综观如今的大学生，在人才的竞争中其优势并不突出，抱怨“工作难找”至少是“好工作难找”的毕业生不在少数。通过对这个群体的了解，我

们发现,有很大一部分人认为学校中所学的东西知识面太窄,与企业所需的综合素质存在相当大的差距,由此在找工作时受到不少限制;而且如果所学的专业本身比较冷门,则可供选择的职业就更加少,而其他职业又因了解不多,更非自己所能胜任,极其尴尬无奈。

对于这个现象,上海大学校长钱伟长有着很大的感触:

"我一向主张大学教育宜宽不宜窄,不能把专业看得太重。实际上,很多学生毕业后的工作与所学专业没有太大关系,过早专业化的结果常常是'教师教什么,学生懂什么',学生只在一个方向上发展,把这个方向上的东西学4年,别的都不懂,这不利于培养创造性思维。社会需要能带着满脑子的问题从大学走出来的人,需要有创造性而不是模仿性的人。"

钱教授的教学理念符合通才教育的思想,由此,上海大学也逐步引进了这个思想,开始尝试走上类似于哥大通才教育的教学方式,在某些学院开始先不分专业,更注重一些比较广泛的基础课程的教学。

其实,从学生的发展角度看,如果教育仅仅是为了培养学生从事某种狭窄的专业工作,很容易忽视学生作为一个完整的人的全面发展的需要。专业划分过细使学生对生活的认识变得支离破碎,但生活本身是一个整体,并非像专业划分那样一是一二是二,界限分明。

从学术发展的角度看,专业划分过细会导致知识的过分分割,使各系科学生所学内容的差异过于明显,学生难以走出各自专业的小框框而融入更大的圈子,也认识不到知识之间的联系,缺乏从比较广阔的视角思考和处理问题的知识基础和能力。

最重要的,从就业的角度看,目前摆在毕业生面前的是比传统社会更加复杂、更多变的工作环境。如果没有开阔的视野,关注并好好利用其他相关领域的学识,

根本无法有效地解决工作中遇到的实际问题,也无力应对职业经常变换的挑战。

由此,高等教育势必要改变把学生限制在狭窄的专业领域的做法,以更加开放的姿态来培养学生,使之能够适应未来社会发展的需要;以更加积极的改革来打破知识之间壁垒分明的界限,给予学生更加全面的知识基础和基本能力的训练,使其获得一个更加合理的知识和能力结构。

开启中国的“通才”之路

如何让人才发挥作用?环境的创造非常重要,如果没有培养种子的肥沃土壤,则再好的种子也未必会健康地成长为参天大树。

好在几十年来,中国的教育者并未放弃对这个方面的探索、思考和努力。

在 20 世纪三四十年代,潘光旦、雷海宗、朱光潜等一批具有远见卓识的教育家就已注意到包括哈佛、剑桥、哥伦比亚等欧美名校的改革,并针对中国大学分科过细的弊端,发出了“通才教育”的初步思想。

之后在 20 世纪五六十年代,中国台湾有学者针对专才教育的弊端,有意识地倡导“通识教育”,而且在数十年的努力之后,颇具成效。

随后,由于中国大陆在经济、文化各方面都不断地发展,为应对日益临近的经济全球化、教育国际化和知识经济时代的来临,“素质教育”的理念被适时地提了出来。

而后,一些著名高校如清华等,开始改变单纯工科大学的形象,着手进行院系的调整。之后,国内不少研究型大学也都纷纷开始重视起这个问题,摸索着进行通识教育的初步探索。

进入新世纪之后，北京大学也开始实行了人才培养的新模式——“元培计划”。这是北京大学在创建世界一流大学过程中，为了培养适应21世纪时代发展需要、具有国际竞争能力的高素质创造性人才而实施的一项以北大老校长蔡元培先生的名字命名的、旨在“加强基础，淡化专业，因材施教，分流培养”的本科教育改革计划。

不过，一些教育工作者不得不承认，国内目前的通识教育尚处于摸索阶段，其本质只不过是在传统的“专业主义”不变的前提下，给学生加点“小甜点”，仅仅把它看作是在主课以外适时地扩大一点学生的兴趣和知识面而已。

这一点上，我们不得不承认，美国的通才教育尤其是哥伦比亚大学的通才教育被公认最好，关键在于美国大学生在接受通识教育之后，社会和企业的后续职业训练跟得上。而在国内，企业往往要求大学完成职业训练，而学校为学生提供的基础课，更多的是看对未来专业课学习有没有帮助——这就使得通识教育具有较为浓厚的功利色彩。

由于整个社会长期被“金钱第一”“专家至上”“多快好省”等急功近利的观念所困扰，使得关于“人”的培养受到一些负面影响。随着通才教育理念的日渐深入人心和对于人才培养的长远和理性的考虑，这些不良的因素在教育者和大学的共同努力下，会逐渐淡化，最终为有利于人才培养的方式让路。还有一点要明确，真正的通才教育并非局限于人们传统意识中的在四年制学院的前两年或前三年内进行各个学科的综合教育。通才教育不仅仅是一种课程，更是一种态度，一种学习方式，一种终生的追求，所以在中国的教学中，无论是哪个阶段的教育中都应注入通才教育的思想。如果只是象征性地在学生的前两年学习中加入一些课程，而之后却一如以往地专于一门，同时也不加大力度进行制度改革，那么这样的所谓“通才教育”亦不过是一种形式，没有什么意义。

此外还需指出的一点是，老师在学生接受知识、领会精神、学会思考的过程中起着不可估量的引导作用，如果在师范教育中，能够对未来教师更着重于传输通才教育的思维，那么通才的思想则在源头之处便已传递开来，对学生产生重大影响，无疑事半而功倍。

当然，我们呼吁通才教育的同时，并不提倡高校的培养模式像过去那样一刀切。学校应该在领会通识思想精神的前提下，根据学校自身的传统特色与优势以及不同学科专业的特点，具体问题具体分析，比如有的大学以培养精英型学术型人才为主，那就无疑应在本科阶段大力提倡通识教育；而某些院校长期以来专门立志于为某些行业培养一线的应用型人才，不考虑自身校园特色而盲目通识，就不是我们这里所提倡的了。

哥伦比亚大学小百科

哥伦比亚大学十分重视在校生在学校的社团和学社锻炼，这也是培养未来领袖的一个重要方式。哥大有 5000 多本科生，却有 400 多个学生社团，平均十多个学生就有一个社团或学社。做义工也是欧美社会一个重要的素质，同时这也是培养学生全方位领导能力的一种综合性锻炼，这不仅是十分必要的，也是十分必需的。

第五课 哥伦比亚大学名人榜——蒙代尔

人们都从自己的失败取得教训，却很少从自己的成功取得教训。

欧元之父“罗伯特·蒙代尔”的传奇人生

罗伯特·蒙代尔，1999年诺贝尔经济学奖获得者。他曾就读于英属哥伦比亚大学和伦敦经济学院，于麻省理工学院（MIT）获得哲学博士学位。

在1961年任职于国际货币基金组织（IMF）前曾在斯坦福大学和约翰霍普金斯大学高级国际研究院Bologna（意大利）中心任教。

自1966年至1971年，他是芝加哥大学的经济学教授和《政治经济期刊》的编辑；他还是瑞士日内瓦的国际研究研究生院的国际经济学暑期教授。1974年起执教于哥伦比亚大学。

蒙代尔教授在北美洲、南美洲、欧洲、非洲、澳大利亚和亚洲等地广泛讲学。他是联合国、国际货币基金组织、世界银行、加拿大政府、拉丁美洲和欧洲的一些国家、联邦储备委员会和美国财政部等许多国际机构和组织的顾问。

1970年，他担任欧洲经济委员会货币委员会的顾问；他还是1972—1973年度在布鲁塞尔起草关于统一欧洲货币的报告的9名顾问之一。自1964年至1978年，他担任Bellagio-Princeton国际货币改革研究小组成员；自1971年至1987年，他担任Santa Colomba国际货币改革会议主席。

蒙代尔教授发表了大量有关国际经济学理论的著作和论文，被誉为最优化货币理论之父；他系统地描述了什么是标准的国际宏观经济学模型；蒙代尔教授是货币和财政政策相结合理论的开拓者；他改写了通货膨胀和利息理论；蒙代尔教授与其他经济学家一起，共同倡导利用货币方法来解决支付平衡；此外，他还是供应学派的倡导者之一。蒙代尔教授撰写了大量关于国际货币制度史的文章，对于欧元的创立起了重要的作用。此外，他撰写了大量关于“转型”经济学的文章。

于1997年，蒙代尔教授参与创立了《Zagreb经济学杂志》。2005年，以蒙代尔教授命名的《蒙代尔》杂志（The Mundell）出版。蒙代尔教授自1999年开始担任全球领先的战略咨询机构——世界经理人集团（World Executive Group）的董事会主席。2006年受聘为首都经济贸易大学兼职教授。

一头漂亮的银发，一双亮亮的蓝眼睛，一张生动的面庞，蒙代尔是一个魅力十足的老头儿。论及学问，蒙代尔在同行眼里地位甚高。曾经在麻省理工学院教过他的保尔·萨穆尔森就称赞：“他将人们对货币的注意力重新引到国际贸易中来。”但蒙代尔的懒散也同样名声在外。他经常杯不离手，别人常弄不清他是清醒还是微醉。他又是电视迷，与经济学家对电视及报章时事评论员的言论嗤之以鼻不同，他心目中的“美国最聪明的人”，竟是电视台的两位主播。他经常数天足不出户，待在家里看电视，除了偶然上超级市场购物和回校讲课。有一段时间，他的一头银发长至肩头，令他的崇拜者颇为不安和失望。他们希望蒙代尔多多走出他30多年前低价购买的乡间别墅，与公众更多地接触沟通。

而他平时的为人处世简直就是一个“马大哈”，有三个经典故事令朋友和媒体津津乐道：一则是他曾当选美国计量经济学院士，但因为他根本没拆信，对此荣誉全然不知；二则是当选为美国经济学会主席后，忘记出席就职典礼，让等待听他就职演说的崇拜者空欢喜一场；最后一则是他担任《政治经济学学报》主编期间，经常懒得看稿复信，以至于这份学术刊物最终惨遭倒闭。

蒙代尔也为自己的“我行我素”付出了代价，按他在经济学界的贡献，1999年的诺贝尔经济学奖算是姗姗来迟。其实，早在80年代初他已被列入候选人名单，但因“举止怪异、行为不检”而遭除名。所有人都为蒙代尔遗憾，仅仅是个人性格原因，竟让诺贝尔奖晚到了近20年。

在他的个人网页上，很有意思的是，主页上展示的不是诺贝尔奖，也不是欧元，而是他65岁得来的宝贝儿子尼克拉斯，一张父子亲热无比的合影占据了最重要位置。

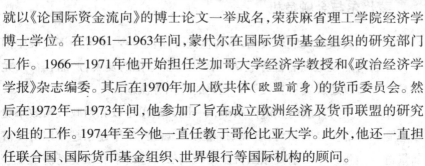

蒙代尔1932年出生于加拿大安大略省，在英属哥伦比亚大学和华盛顿大学接受大学教育，后赴伦敦经济学院做研究。

1956年蒙代尔24岁时就以《论国际资金流向》的博士论文一举成名，荣获麻省理工学院经济学博士学位。在1961—1963年间，蒙代尔在国际货币基金组织的研究部门工作。1966—1971年他开始担任芝加哥大学经济学教授和《政治经济学学报》杂志编委。其后在1970年加入欧共体（欧盟前身）的货币委员会。然后在1972年—1973年间，他参加了旨在成立欧洲经济及货币联盟的研究小组的工作。1974年至今他一直任教于哥伦比亚大学。此外，他还一直担任联合国、国际货币基金组织、世界银行等国际机构的顾问。

蒙代尔对经济学的贡献主要来自两个领域，一是经济稳定政策，二

是最优货币区域理论。蒙代尔的经典代表著作包括《国际经济学》和论文《最优货币区域理论》等。

1965年、1974年、1998年和2000年他先后在普林斯顿大学、英国剑桥大学等著名学府讲学。1997年获美国经济学会颁发的杰出人士奖。1998年被选为美国艺术和科学院院士。1999年获诺贝尔经济学奖。

早在20世纪60年代,蒙代尔就富有远见地预言,在一个更加开放的经济体系中,汇率变动和资本高度流动对经济政策会产生极大影响。他以一篇论及“最适当货币区”的文章奠定了欧元理论,最终促使欧元顺利出台,因此被尊称为“欧元之父”。

1999年,瑞典皇家科学院将该年度的诺贝尔经济学奖授予了蒙代尔。

他对经济学的贡献主要来自两个领域,一是经济稳定政策,二是最优货币区域理论。他在金融政策和财政政策上的研究,曾经影响了美国里根时代的供应经济学派。在研究国际资本流动对一个国家经济的影响上,蒙代尔可以说是走在同行们的前面。

蒙代尔与金融危机

蒙代尔教授敏锐地观察到,从20世纪60年代至今,世界经济发展中的一个显著特点就是随着世界经济一体化与全球化的发展,产品、服务,尤其是资本可以通过贸易和投资大规模的跨国界流动。

在一个更为开放的经济体系中,一国的货币主权和财政政策效果更多地受到外部世界的制约,宏观调控能力下降。经济学越来越难以对经济前景进行预测,一个重要原因就是传统的宏观经济学和微观经济学在经济全球化条件下面临新的挑战。

在国际金融领域,他是一位伟大的先行者和预言家。

瑞典皇家科学院在授奖贺词中称:“蒙代尔教授奠定了开放经济中货币与财政政策理论的基石……尽管几十年过去了，蒙代尔教授的贡献仍显得十分突出,并构成了国际宏观经济学教学的核心内容。”

蒙代尔的研究之所以有如此重要的影响，是因为他是在准确预料未来发展方向的基础上进行选题的。在20世纪60年代,国际货币安排的格局是各国都有自己的一套货币，并且几乎所有的学者都认为这是必须和理所当然的,国际资本市场开放的程度也相当低。

正是在这种情况下,蒙代尔提出了超前于现实的问题:与国际资本市场一体化相关的货币与财政政策的结果会如何？这些结果将如何依赖于一个国家是采取固定汇兑抑或采取自由汇兑？一个国家都该有自己的一套货币吗?经过提出和回答这样一些问题,蒙代尔改造了开放经济中的宏观经济理论。

在20世纪60年代初期发表的几篇论文中，蒙代尔发展了开放经济中的货币与财政政策(即“稳定政策”)的分析。他在《固定和弹性汇率下的资本流动和稳定政策》中探讨了开放经济中货币与财政政策的短期效应,分析得很简单,但结论却很丰富、新颖、清楚。

在这篇具有划时代意义的论文中，蒙代尔把对外贸易和资本流动引入了传统的IS–LM模型（该模型由1972年诺贝尔经济学奖得主希克斯发展,用于分析封闭经济),阐明了稳定政策的效应将随国际资本流动的程度而变化。他论证了汇率体制的重要意义:在浮动汇率下货币政策比财政政策更有威力,在固定汇率下则相反。

假定资本具有高流动性，国外和国内的利率一致,那么在固定汇率下,央行必须干预流通市场，以满足该汇率下公众对外币流通的需求。结果是,央行将失去对货币供给的控制，不得不被动地调整货币供给以适应货币需求（国内流通)。

【所著著作】

蒙代尔教授撰写的著作包括《国际货币制度：冲突和改革》《人类与经济学》《国际经济学》《货币理论：世界经济中的利息、通货膨胀和增长》《新国际货币制度》《世界经济中的货币历程》《债务、赤字和经济状况》。

央行试图通过所谓的公开市场操作执行单一国家货币的政策也将是无效的，因为无论利率还是汇率都不可能被影响。但是，如果增加政府支出或其他财政措施，则可以提高国民收入和国内经济水平，从而避免上涨的利率和强劲的汇率障碍。

再看看浮动汇率。浮动汇率是由市场决定的汇率，在该汇率体制下，央行对流通领域的干预受到限制，财政政策就没多大威力了。

在货币政策不变的情况下，增加政府支出将导致对货币的更大需求和追求高利率的倾向。资本的流入将强化除去政府支出的全部扩张效应后的净出口较低的地区的汇率。但是，在浮动汇率下的货币政策将成为影响经济活力的有力工具。

扩大货币供给往往会提高较低的利率，导致资本流出和更疲软的汇率，而这反过来可以使净出口增加从而促进经济扩张。

浮动汇率和高资本流动性准确地揭示了许多国家当前的货币体制。但在20世纪60年代早期，几乎所有的国家都被布雷顿森林体系的固定汇率联结在一起，因此，对浮动汇率和高资本流动性的后果进行分析完全像是满足学术好奇心而已。

为什么这好奇心会发生在蒙代尔身上？这可能与蒙代尔出生在加拿大有关，因为在20世纪50年代，加拿大就开始放松管制，允许自己的货币与美元联系浮动。随着国际资本市场的开放和布雷顿森林体系的崩溃，蒙代尔的远见卓识更与随后的十年紧紧相关。

在蒙代尔之前，稳定政策不仅是静态的，而且假定一个国家所有的经济政策都被一只单独的手所调整和组合。作为对照，蒙代尔用了一个简单的动态模型，来考察财政政策与货币政策这两种工具，它们各自怎样走向自己的目标、外部和内部的均衡，以带动经济随时间的推移而接近目标。这意味着两个不同的权威——政府和央行——将为稳定政策工具承担各自的职责。

蒙代尔的结论直截了当：要防止经济不稳定，政策与经济生活的联系就应与两种工具的功效一致。在他的模型中，货币政策与外部平衡联系，财政政策与内部平衡联系。蒙代尔最初关注的不是货币与财政政策分离本身，而是解释分离的条件，他率先认为，央行应该独立地对价格稳定负责，这一思想在后来被人们普遍接受。

从蒙代尔进行的短期和长期分析中也可得到有关货币政策条件的基本结论。在资本自由流动条件下，货币政策既能够被导向；外部目标比如汇率，也能够被导向；内部（国内）目标比如说价格水平，但是它们不是同时进行的。这个“矛盾的三位一体”对理论经济学家的意义是不言自明的。

蒙代尔的贡献已经被证明是国际经济学研究的分水岭。它们引入了动态方法，在清晰区别存量和流量的基础之上，分析两者在经济走向长期稳定的调整过程中的相互作用。蒙代尔的研究也对凯恩斯主义者的短期分析和古典经济学的长期分析进行了必要的调和。后来的研究者扩展了蒙代尔的成果。这个模型被扩展到综合包括了家庭和企业的预期决策、另类金融资产和更具动态的经常项目和价格调整。尽管有这些修正，蒙代尔的绝大多数结论仍然经受住了考验。

固定汇率在20世纪60年代早期占据着主流地位，少数研究人员讨论过浮动汇率的优点和缺点，但都认为一国有自己的通货是必须的。

蒙代尔1961年在其论文中提出“最优货币区域”问题看起来似乎有些激进：几个国家或地区放弃各自的货币主权而认同共同的货币，在什么时候会更有利？蒙代尔的论文简要地提到了共同货币的好处，比如贸易中更低的交易费用和相关价格更少的不确定性等。

这些好处后来得到了更多的描述。而最大的缺点是，当需求变动或其他“非对称冲击”要求某特定地区削减实际工资的时候，维持就业就很困难。

蒙代尔强调，为抵消这些不利因素，劳动力需要具有较高的流动性，这一点非常重要。蒙代尔刻画了这样一个最优货币区域，该区域的国家和地区之间移民倾向足够高，高到可以保证某一个地区面临非对称冲击时仍可以通过劳动力流动来实现充分就业。

其他研究者扩展了这一理论并确定了附加标准，比如资本流动、地区专业化、共同的税收和贸易体制等。

蒙代尔几十年前的思考，与今天密切相关。由于世界经济中资本的流动性不断变强，在曾经固定但现在可以调整的汇率体制下，汇率越来越变得脆弱；一些地区正卷入这个问题。许多观察家认为一个国家在货币联合或浮动汇率（蒙代尔的论文讨论的两种情况）之间必须选择其一。不必多说，蒙代尔的研究也影响到欧元的诞生。经过对利弊的权衡，EMU研究人员把最优货币区域经济思想当作新的药方予以了采纳。

全球金融风暴愈演愈烈之际，诺贝尔经济学奖获得者、有"欧元之父"之称的罗伯特·蒙代尔分别在2008年12月13日在河南郑州出席中部企业领袖年会时与12月14日在南京举行的"2008国际金融市场分析年会"上指出，全球金融危机为中国提供了一个可以提高国际地位的机遇，中国应该和美国一起通过发放巨额购物券刺激全球经济计划，引领世界走出正面临的严重金融危机。

蒙代尔表示，目前美国需要从政策层面对经济加以刺激，进一步拉动需求，重建消费者的信心。具体来说可以发放总价值为5000亿美元的购物券，购物券的有效期为3个月，消费者可在有效期内购买自已需要的物品，这对穷人来说是很好的生活补贴，而零售商则可以用税票的方式进行提交，并且从中得到实惠。

而在中国方面，中国政府已经提出了4万亿元人民币的刺激计划，主要用于很多大型项目，但问题是这一计划能在多大程度上、以什么速度转化为工业产品的需求。目前中国很多工厂停工或产能不足，应该以发行购物券的方法来提高需求。

蒙代尔建议中国政府向全国老百姓发放规模为10000亿元人民币的购物券，具体方式跟美国相似。蒙代尔建议对中国的每一个公民发放100

元人民币购物券，在一定时间内消费的，而且可以抵税，这对中国经济刺激是一个非常好的方式。如果购物券在3个月之内消费，可以拉动中国经济差不多在1.33万亿。这相当于中国一个季度GDP的18%，拉动和刺激经济的作用会非常明显。

【所获殊荣】

蒙代尔教授于1965年在普林斯顿大学发表Frank Graham纪念演讲，1974年在剑桥大学发表Marshall演讲，1998年发表Ohlin演讲，2000年发表Robbins纪念演讲。1983年，他获得法国参议院的JcaquesRueff奖章和奖金；1999年，他获得诺贝尔经济学奖。2006年作为首都经济贸易大学的名誉教授，蒙代尔教授来该校进行了讲座。

2010年8月2日，诺贝尔经济学奖得主"欧元之父"罗伯特·蒙代尔在长春国际金融高级别会议上表示，明年应该把人民币加入SDR（特别提款权）体系，并且在当年就应发挥作用。

蒙代尔以全球债务危机以及美元、欧元、人民币的货币三角为主题进行发主。他说，人民币稳定对于各国都非常重要。

蒙代尔认为，目前世界已经度过经济危机，进入后危机进代。他提出，应从2011年开始用五年时间把人民币纳入SDR体系中。

特别提款权是国际货币基金组创设的一种储备资产和记账单位。它是基金组织分配给会员国的一种使用资金的权利。

哥伦比亚大学小百科

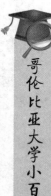

哥伦比亚大学每年为其学生提供近5000个在各类企业实习的机会，几乎等同于在校本科生的人数。大学和社会与企业结合起来，为其学生提供实习和就业的机会，这也是美国大学一个显著的特点。

第四章　哥伦比亚大学的文化底蕴

自创建之初，哥伦比亚大学始终坚持创办世界一流大学。至今，从哥伦比亚大学毕业的众多学子已成为诸多领域的佼佼者——他们在法律、政治、商业、教育、慈善事业以及艺术行业做出了巨大的贡献，并对世界文化与人类进程产生深远的影响。

第一课 为纪念哥伦布而命名

独立战争使国王学院停顿了8年,美国独立后,为了纪念发现美洲新大陆的哥伦布,改名为"哥伦比亚学院"。

哥伦比亚大学的历史可以追溯到1756年。当时,纽约州议会通过一项法案,决定采用出售有奖证券的形式,集资在纽约创建一所以"人文、科学和语言"为主的高等学府。1756年大学成立,初定名为"国王学院"。7月,首任校长塞缪尔·约翰逊在曼哈顿百老汇街上的一所新房子里主持了第一批8名学生的开学仪式。

在建校的第一年,由于学生少,而从校长、教授到行政主管的职务,都由塞缪尔·约翰逊一人兼任。当时学生接受教育的目的是:拓宽视野,加深理解,完善自身,以成就今后的辉煌事业。

独立战争使国王学院停顿了8年,美国独立后,为了纪念发现美洲新大陆的哥伦布,改名为"哥伦比亚学院"。到了19世纪后半期,哥伦比亚学院迅速崛起,成为一所现代大学。法学院、矿业学院、师范学院相继建立。政治学、哲学、基础科学等学科研究生师资力量的增长使得哥伦比亚学院成为美国最早的研究生教育中心之一。

1896年,院理事会正式授权学校使用新名字——哥伦比亚大学。哥伦比亚大学是美国最古老的"常春藤联合会"成员之一。

因为经济问题,1857年哥伦比亚大学校区由曼哈顿下城迁至中城。

在此后的 40 年间,学校增设了医药、法律、工程、政治、建筑、哲学和理论科学等系所。1897 年，哥伦比亚大学再迁至目前的校区。

1912 年,图书馆学系、口腔牙科学院、新闻学院、教育学院等先后加入哥伦比亚大学。此时的哥伦比亚大学正式成为一所综合大学。但是,在建校之后的 229 年之中,这所美国名校却只招收清一色的男生,到 1983 年才招收一般本科女生。

哥伦比亚大学在建校初期的很长时间里没有围墙,校园显得十分喧嚣。曾任校长的艾森豪威尔于 1953 年出任美国第 34 任总统后,才将哥伦比亚大学的中心区围起来,形成了一个完整紧凑的校园。

如今哥伦比亚大学还保留了很多“国王学院”的遗迹。比如,哥伦比亚大学的校徽仍是原来的金王冠;在哥伦比亚大学校历上,很多美国传统节日并不放假,却有自己一套独特的假期。哥伦比亚大学的特立独行,由此可见一斑。

如今的哥伦比亚大学位于纽约市中心,校园内有山有林,环境幽雅。站在校园中央的月晷旁,望着四周红砖铜顶的校舍,俨然生活在世外桃源之中。

大都会里的魅力名校作为一所常春藤大学,哥伦比亚大学吸引美国与世界学子前来求学的主要原因还是学校强大的师资队伍、一流的教育水平和先进的科研设备。在哥伦比亚大学的教员中,有 8 位是美国国家科学奖章得主,89 位是美国艺术科学院的现任院士,42 位是美国国家科学院现任院士。

哥伦比亚大学之所以能够吸引来自世界各国的精英,还因为其位于纽约市,地理位置好,使得许许多多学子慕名而来,而就业率高也是哥伦比亚大学吸引人之处。

据统计，哥伦比亚大学毕业生几乎每四人就有一个留在纽约地区工作，法学院的校友是纽约法律界的天之骄子，新闻系的毕业生也大多是三大电视网的中坚分子。哥伦比亚大学周边风光独好，东侧建有世界第二大天主教教堂圣约翰教堂，它同时也是美国最大的教堂。哥伦比亚大学东南方的中央公园是纽约人休闲的一处胜景。

从哥伦比亚大学出发去自由女神像、艺术家云集的格林尼治村、卡内基音乐厅、大都会博物馆、第五大道和曼哈顿唐人街都不到一个小时的路程。

哥伦比亚大学现共有16个学院，69个系。69个系所彼此并不完全隶属，有些甚至在行政、人事和经费上完全独立。其中以教育学院、商学院、法学院、国际关系和新闻学院最为出名。

哥伦比亚大学身处闹市区，这所和华尔街仅一个地铁站之隔的学校，不可能有像北卡罗来纳州和弗吉尼亚那样有令人舒适的环境，但是在纽约上学本身就是一种教育，而且在哥伦比亚你会学会从球的角度来看问题。由于许多全球性的企业就在周围哥伦比亚大学的GBS在2002年度商业周刊上以第七的好成绩笑傲全美。

以往学生都是自己独立学习，而现在学校更注重培养学生的团队精神。现在60人一班、10人一组的分组学习不仅有利于培养学生们的协作精神，而且也不与学校鼓励健康竞争的思想矛盾。每位入学者都拥有一台笔记本电脑，金融课考试通过电脑进行，答卷借助网络上交。与很多学校一样，学生通地电脑注册登记组成班级。美国公司特别看好商学院的金融专业毕业生，而市场营销专业也是商学院的强项。

新的课程体制是在征求了2000个校友会、100家招聘公司、1000名学生、100名教授以及美国捷运等大公司的行政人员等各方面广泛意见后实施的。学校不再一味教学生如何算账，而是更重视管理方面的课程。学校要求学生在开学之前学习通信、定量以及计算机技能。

课程的改革使得教师们不得不以更宽广的眼看待商业问题，重新安排自己的主课，改进教学方法，跨学科地合作。同时，学校重新设置了教授评估的标准，加强了对教员的管理，设置了教学奖金，还任命一位教学专家为副校长以促进教学。总之，学校在教学方面做了多方面努力。

哥伦比亚的优点在于其位于纽约，缺点也在于此。在这儿，学生们可以亲耳听到市长的竞选演讲，也可以听到犯罪率上升的报告。如果你不

喜欢大城市，哥伦比亚肯定是不合你的胃口。但是，在哥伦比亚，你可以和华尔街的银行家共进午餐，参观展览，在这全国的文化和金融中心找到发展事业的机会。你可以读《纽约时报》，了解昨天就在这儿发生的商界大事。

在哥伦比亚学习的另一个好处是其课程设置上多方面的灵活性。首先你可以在第一学年的三个学期中的任何一个学期入学。如果你选择在夏季上课而不是实习，你可以在 16 个月内完成学业。你可以通过考试获得一些主课的免修，而且还不需要靠上选修来代替。你可以在 13 个研究方向中任选一个进一步研究。学校还提供 50 多门语言的小课，包括法、德、意大利、西班牙、汉语、日语等，每个星期五上三个小时。外语班的开设使哥伦比亚跨入国际商务的一流学校行列。商学院还和大学的其他学院共同设立了十多个双学位学制。

学校靠校友会的捐赠成立了国际商务研究所。该所出版发行有关世界商务的杂志，努力促进增加主课的国际性及扩大与美国以外的商学院的交流。这一切都十分有助于学校实现其课程的国际化。

哥伦比亚的学生有很多休闲的好去处：首先校园里的那块大草坪就足以让人流连忘返；学校周围有很多时髦的小餐馆；每周四晚上有快乐时光晚会，周五不上课，三天的周末学生可以远离城市去旅行或者打工；当然，还有一年一度最热闹的 spring ball，即 MBA 自己组织的舞会。

哥伦比亚在金融界赫赫有名，这一点仅从其厚厚的校名册即可一眼看出。多年来，学校一直向大商来银行和世界金融机构输送大量人才。仅仅花旗集团一家就有约 356 名校友，大通曼哈顿银行招聘了 277 名，美林证券有 178 名。这样的银行和机构没列出的还有很多。

哥伦比亚大学教育研究生院是世界上最大的教育学、应用心理学和心理健康学方面的综合研究生院，它拥有众多的研究中心，是美国上述学科最好的研究生院之一。

美国的新闻、文学、艺术领域的第一大奖——闻名全球的“普利策奖”就是由哥伦比亚大学新闻学院主持颁发的。

哥伦比亚大学还拥有 26 所颇具规模的图书馆，藏书 600 多万册，居全美第六。由于纽约是美国东部地区的文化中心，使得其中的东亚图书馆的图书出借率是全美最高的。

另外，哥伦比亚大学新闻学院的图书馆收集了近 20 年来的《纽约时报》，教育学院的图书馆则收藏了美国 70 年来的中小学教科书和世界主要国家的中小学教科书。

哥伦比亚大学的教育偏重开发智力和综合培养。它的核心教纲，包括了美国大学中最为严格的一组基础课。经过这种培养，学生们的综合素质会得到全面提升。

哥伦比亚大学小百科

在历年的全美高等院校综合排名和学术水平评比中，哥伦比亚大学的综合得分始终名列前茅。其中的国际关系学院具有与联合国总部同处一地的优势，学术水平很高。师范学院有些年份被《美国新闻与世界报道》列为全美教育研究生院排行榜第一，其他年份也总在前三，在全美排行前列的还有：医学院、法学院、商学院、社会工作学院等。

第二课　追求卓越，追求一流

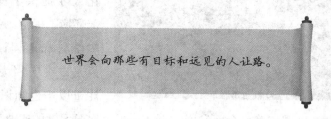

世界会向那些有目标和远见的人让路。

在历年的全美高等院校综合排名和学术水平评比中，哥伦比亚大学的综合得分始终名列前茅。其中的国际关系学院具有与联合国总部同处一地的优势，学术水平很高。师范学院有些年份被《美国新闻与世界报道》列为全美教育研究生院排行榜第一，其他年份也总在前三，在全美排行前列的还有：医学院、法学院、商学院、社会工作学院等。

哥伦比亚大学作为一所世界闻名的综合性研究型大学，经过250多年的发展和全校师生员工的不懈努力，目前70%的院系和专业达到了世界一流水平，处于领先地位。

哥伦比亚大学以不断提高各种学科的研究和教学水平为办学宗旨，当初的建校目标是："在已知的语言、人文和科学领域内教导和教育青年。"为此，学校的教师及课程设置都必须围绕以下三个问题来展开：一、让学生学习什么？二、用什么方法教育学生？三、毕业时，学生除了学位和所学的知识外还具备何种世界观？

哥伦比亚大学最强调的一点是实践，注重学校与社会结合，鼓励教师走出课堂和学校，学以致用，同时还邀请各行各业的专家走进学校，使大学里不断充实最新信息。

随着全球一体化进程的进一步加快，哥伦比亚大学高度重视国际化人才的培养。纽约市作为美国的经济、金融中心,为哥伦比亚大学培养国际化人才提供了良好的外部环境。哥伦比亚大学很多学科和课程设置并不只是以纯实用为目的,更注重以增进知识、推广学术为导向,力图培养出全面发展的人才。哥伦比亚大学的毕业生具有高质量的综合素质和国际化视野，具备了进入社会精英阶层和学术前沿的基本条件。

虽然在哥伦比亚大学本科生的比例只占25%,但在过去的10年中，哥伦比亚大学最大的变化是重新认识到本科教育的重要性并大力发展本科教育。尽管哥伦比亚是一所研究型大学,但它对本科生教育极为重视，几乎所有的本科系都实力雄厚。

自1919年起,哥伦比亚大学在美国高校中率先推出“核心课程”教育计划,刚进大学的新生不分系科,注册之后,就开始学习核心课程。在一、二年级,通过阅读、听课、讨论等各种方式了解西方文化和艺术的经典作品,到第三年才进入专业学习。由此使理工科学生增加对人文学科的了解，同时又使文科学生增长对包括科学在内的西方文明的认识，本科生的基础知识课程往往由多学科的教师联合执教。

【申请入学】

哥伦比亚大学是美国为数很少地提供给学生5月、9月或1月三次开学机会的商学院之一。如果申请5月入学，学生必须在2月1日之前申请；申请1月入学,11月1日之前申请；申请9月入学,4月20日之前申请。

另一类类似人文学科的综合课

程，也是与文学、哲学、艺术和音乐等学科相结合的。西方思想史、美国现代文明、政治哲学、经济等学科，都是本科生必修的基础课。哥伦比亚大学注意扩大学生的知识面，培养学生的综合分析和应用能力，除了书本知识以外，还注重培养学生的社交能力、领导能力和自我表达能力等。经过这种培养，使本科生的综合素质得到全面提升。

【哥伦比亚大学图书馆】

哥伦比亚大学图书馆下设23座分馆，每个分馆都各具特色，其中东亚图书馆中有各样的中文书籍，流行小说、古典文学，甚至县志都可以找到。总藏书量达870万册，并且收集有微缩胶片600万套，2600万种手稿，60万册善本书，10万片VCD和DVD，20万份官方文件，还有中国族谱、家谱、谱牒约950种，是中国的图书馆以外收集最丰富的图书馆。东亚图书馆的藏书仅次于哈佛大学的燕京图书馆，开设有丁龙讲座，又设立中文图书馆，开始收藏中文资料。

哥伦比亚大学作为研究性大学的实力还体现在其学生人数中高达 70%以上的研究生比例。科研经费充足，来源多样化，为研究生教育的发展提供了资金保障。研究生的参与，又强大了科研的力量。

近年来，哥伦比亚大学从联邦政府申请到的科研经费保持稳定上升的势头，在全美高校中稳居 10 ~ 12 位。哥伦比亚大学科研水平之高、研究生质量之优得到了同行的公认。

哥伦比亚大学在全美高校科研成果转化方面所取得的成绩名列榜首，虽然各个学校都在这方面全力以赴，但真正做得好的也就是屈指可数的几所高校。哥伦比亚大学由于地处纽约这个全美经济活动中心，使得哥伦比亚大学的科研成果趋于领先地位。

学校设有专门的“哥大科研成果转让办公室”和“哥伦比亚大学医药类科技成果转让办公室”，让既懂科研又懂市场运作的专业人士来从事科技成果转化工作，负责将教师和研究人员的科研成果变成商品。

学校还专门制订了相应的规定及鼓励措施，使学校、学院、发明人都能从中受益。哥伦比亚大学不直接创办公司企业，但对于教师创办技术性公司持宽容态度，允许教师兼职或参与技术入股、咨询服务等。这些高技术产业发展起来以后，促进了经济发展，增加了学校收入，形成了良性循环。

哥伦比亚大学小百科

作为一所私立性的教育研究生院，哥伦比亚大学秉持杜威所言“教育是社会进步与改革的根本之道”的教育理念。

经过一百余年的持续发展与不断创新，学院的各方面建设尤其是组织竞争力建设、社会资本开拓与积累等方面取得了长足的进步，为哥伦比亚大学的卓越与世界一流夯实了基础。

哥伦比亚大学为世界所做出的贡献有目皆睹，从哥伦比亚大学走出的毕业生都成为世界各个领域、行业的佼佼者。

第三课 综合实力最强的大学

哥伦比亚大学是全世界最具声望的高等学府，学生们在哥伦比亚大学学习拥有着天时地利人和的优势。

哥伦比亚大学的商学院一直是名列前茅，哥伦比亚大学商学院全年开设的选修课有将近300门，很多是由那些真正在市场里摸爬滚打的实业人士亲自教授的，他们的亲身实践经验是在别的商学院里得不到的财富。哥伦比亚大学的商学院坐落于世界金融中心“纽约”，依其独特优势与华尔街等金融界保持密切的联系。

而且现任商学院的院长格伦·哈伯德是国际知名的经济学家，拥有哈佛大学的经济学博士学位，曾任布什政府总统经济顾问委员会主席、首席顾问，现在是下任美国联邦储备局主席的最热门候选人之一。哥伦比亚的毕业生拥有最实用的技能，不需要很多的在职训练就能挑起解决问题的重任，不像其他学校出来的学生，虽然学了很多书本上的理论，但是离现实总是有一段距离。

华尔街对哥伦比亚的毕业生非常偏爱。享誉盛名的股市投资奇才沃伦·巴菲特就是从这个商学院走出去的。不过这个商学院的学费比较昂贵。

哥伦比亚大学是美国唯一一所拥有新闻学院的常春藤大学，其新闻学院是全美乃至世界最优秀的新闻学院，新闻专业第一名就是哥伦比亚大学新闻学研究生院。声誉等同于科学界的"诺贝尔",或电影界的"奥斯卡"的普利策新闻奖,就是由哥伦比亚大学的普利策奖评选委员会的14名会员评定,当时是由美国报业巨头约瑟夫·普利策的遗愿设立,而约瑟夫·普利策就是哥伦比亚新闻学院的创始人。

这里新闻的讲授方法很独特,或许是秉承了普利策的新闻教育观吧,实践性很强,新闻理论方面讲授得很少,学生基本上被当作记者/编辑,教授是主编,实验室便是新闻工作室,而每个学生也会被分配到一个社区蹲点,像国内媒体的记者站一样,每人负责报道该地区的所有新闻。这些报道与最重要的一门课"报道与写作"紧密相关,它是每个学生的必修课,第一学期每周3天上"报道与写作"课,其中一天上午讨论,下午进行限时写作训练。

另外两天白天出去采访,晚上回来写新闻,在规定时间内交主编(教授),完全模拟现实新闻机构的做法。教授按照新闻专业标准批改学生的

报道，毫不留情，直至体无完肤。许多学生都已经为那些苛刻的评语暗自掉眼泪了，但更糟的是还得重新采访和改写。另一门必修课是读报。《纽约时报》是所谓的大报，每日必读。另外可以自选一张小报，《纽约邮报》是大多数人的选择。硕士论文是另一个比较重要的项目。因为论文最后的形式通过印刷、广播、网络等不同载体体现，学生都叫它“硕士项目”。哥伦比亚的新闻学院学习非常严格，学生自己必须足够坚强，才能经受得起这样的挑战和考验。我之前送去的一个学生给我打电话的时候，都很哽咽啊，说每天学习压力特别大。

哥伦比亚新闻学院只招收研究生，这就是为什么学院会叫作“Graduate School of Journalism”（研究生新闻学院）。哥伦比亚大学新闻学院的研究生教育有四个方向，分别是报纸；广播电视；杂志新闻和新媒介，都是与我们日常生活分不开的。

哥大有三大特色，其一在于它地处纽约。在这里，可以感受到美国政

治风云的变化，可以感受到美国枪杀案的激增。作为纽约城的纽约，在哥伦比亚，你可以和华尔街的银行家畅谈世界金融局势，在这个全国的文化、金融中心，学生可以在读书的过程中找到适合自己发展的机会。其二在于它的社区，哥伦比亚的学生有很多休闲的好去处：大的草坪，小餐馆，方便的购物商场，快乐的时光晚会。

哥大总共开设35750门课，包括建筑、艺术、商业、工程、新闻、法律、图书馆服务、医学、社会工作等专业的所有文理科和专业课程。在课程设置上它的整合方法比较独特，设立了国际化、全品质、道德和人力资源管理四大主题，所以有“21世纪课程”的美誉。

哥伦比亚大学小百科

自1901年诺贝尔奖开始颁布以来，有97位曾经在哥伦比亚大学学习或工作过的学者获此殊荣，居全世界大学之首。另外有7位美国科学家曾因其在创建于1927年的普平物理室的研究成果而获诺贝尔奖。

第四课 普利策奖的诞生地

成功的法则极为简单，但简单并不代表容易。

哥伦比亚大学：最早设立普利策奖

位于纽约市的哥伦比亚大学成立于1754年。它是通过英国国王乔治二世的《国王宪章》而建立的，命名为国王大学。作为常春藤联盟的八大学校之一以及纽约市的私立研究型大学，哥伦比亚大学是纽约市最为古老的学府，同时也是美国第五大古老的院校。

哥大建立伊始，争论四起，各种组织都争相讨论大学的地点和宗教问题。最终，纽约人在校园选址上获得了胜利。不过，当时所有的讨论者都同意以宗教自由为建校的原则之一。

美国的普利策奖是为了表彰在新闻、网络报道、文学以及音乐创作方面取得成就的人们。该奖是由匈牙利裔美国出版家约瑟夫·普利策设立的，每年都在位于纽约市的哥伦比亚大学授奖。目前是一个全球性的奖项。

1911年，普利策在去世时将自己的财产捐赠给了哥伦比亚大学。1912年，该笔捐赠的一部分用于建立该大学的新闻学院。1917年6月14日，第一次颁发普利策奖。现今，该奖在每年的4月公布，获奖人由独立

委员会评选。

瑟夫·普利策1847年4月10日生于匈牙利一个犹太人家庭，1867年加入美国国籍，1868年成为《西部邮报》记者。他凭借强烈的求知欲和勤奋的努力，不知疲倦地挖掘各种新闻，后来成为该报的全资经营者。

普利策对报纸的经营与编辑独树一帜，他强调报纸发表新闻要真实准确，文字要简洁通俗，要花力气写好社论；他创造的编辑写作制——即记者采写的材料由编辑润色、整理、综合成稿件见报。这种写作规则至今仍是全球新闻界的普遍原则。

普利策在去世前立下遗嘱，将财产捐赠给哥伦比亚大学，由该校董事会掌管他遗赠的基金，兴办哥伦比亚新闻学院和建立普利策奖金。1911年10月29日普利策逝世，1912年哥大开办了新闻学院，1917年起设立了普利策奖。该奖是奖励新闻界、文学界、音乐界的卓越人士。

普利策奖自1917年以来每年由包括哥伦比亚大学校长在内的16人组成的普利策奖金评选委员会评选一次，评选结果一般在4月中旬由哥大校长宣布，5月份颁奖。85年来，普利策奖象征了美国最负责任的写作和最优美的文字。

普利策摄影奖获奖作品更是具有重要意义，不少美国人对于许多重大事件的深刻印象是由当年普利策奖获奖照片形成的。就是这样一个世界著名的奖项，评选地既没有豪华的建筑，也没有醒目的标记。如果不是亲临此地，断然不会想象出评委们竟是在如此简朴的场地评选出全球著名的奖项。但这又有什么呢？丝毫无损它在全球新闻界的影响力。

约瑟夫·普利策和普利策奖

约瑟夫·"乔"·普利策(Joseph "Joe"Pulitzer,1847 年 4 月 10 日-1911 年 10 月 29 日),匈牙利裔美国人,父亲是犹太人与匈牙利混血,母亲为德奥混血。美国报刊的编辑、出版者。美国大众报刊的标志性人物,普利策奖和哥伦比亚大学新闻学院的创办人。

1847 年 4 月 1 日,生于匈牙利中产家庭,父亲菲利普·普利策是匈牙利马扎尔犹太族的后裔,母亲是奥地利人,婚前名为路易斯·杰伯。普利策原为兄弟四人,后来两个夭逝,只剩他和弟弟艾伯特两人。

普利策自幼受到良好的学校教育,受到良好的德文和法文训练。后来父亲病故,母亲改嫁,由于同继父关系不和,17 岁离家出走。同时由于对拿破仑的崇拜而从军,但由于视力和体力的问题,奥地利征兵处并未如愿。

在奥地利军队报名不成后,又到驻墨西哥法军和驻印度英军报名处应征，依然未果。后来在汉堡加入美军林肯骑兵队。

南北战争结束后退役,为了找工作在美四处流浪,1865 年在中西部新兴城市圣路易安顿下来。1867 年普利策入美国籍,后获得律师资格。

1868 年在圣路易遇到一位有助于他的人——卡尔·舒

尔茨(Carl Schurz,一位德裔政治家和记者,曾任美驻西班牙公使、参议员和内政部长,当时任德文报纸《西方邮报》的老板)。被舒尔茨聘为西方邮报(Westiche Post)记者,一年后当选州议员,设立"反贪污法案"。1872 年改入民主党。

1878 年,31 岁的普利策创办自己的第一份报纸——《圣路易快邮报》(St.Louis Post Dispatch),从而开始了它的办报生涯。在经营此报期间,普利策一方面抨击丑恶现象,一方面倡导社会改革。靠着煽情和对一系列社会问题的针砭时弊,三年后,成为当地发行量最大的报纸。

1882 年以 34.6 万美元向古氏乐(Jay Gould)购得《纽约世界报》(New York World),招募名记者内莉·布莱(Nellie Bly)(本名伊丽莎白·科克兰)、Richard F. Outcault 等人,让报业销售情况改观,销数达 10 万份。

1883 年在普利策《世界报》和其本人的策动下,发起迎接自由女神像筹款运动,为自由女神顺利竣工做出了巨大贡献。《纽约世界报》和普利策为此赢得美国民众的尊敬和爱戴。

1889 年普利策在纽约富兰克富街海德公园旁,花 63 万美元买下法国大厦并在其址上新建《世界报》办公大楼,同时他视力下降,1890 年完全失明。在新落成的《纽约世界报》大厦举行揭幕典礼的前一天,普利策前往欧洲休养。《世界报》宣布其辞去总编职务。从此告别报刊事业。

1892 年《世界报》早晚两刊共计 34.7 万份,并吸引大量的广告来源。普利策最为人知的贡献是为美国报纸奠定了各项专栏等模式,当时报纸开始启用漫画并蔚为风尚，著名漫画有黄童子（Yellow Kid），是世界第一个彩色漫画，成为黄色报纸（Yellow Press）的起源。1892年普利策第一次向哥伦比亚大学提出捐款创立新闻学院，但被婉拒。

1901年普利策对竞争已感厌倦，而将《世界报》中最受人攻击的黄色部分取消，黄色新闻风潮遂逐渐衰落。他被公认是19世纪70—80年代“新新闻事业”的创始人。

1911年普利策去世后，遗嘱中规定：《世界报》永远不得出售。后人遵照他的遗嘱，于1912年捐赠250万美元给哥伦比亚大学，创建美国第二所新闻学院，并从1917年起设立普利策奖（Pulitzer Prize），每年一度颁赠给美国新闻界和文学界在小说、诗歌、传记、历史、戏剧、音乐、新闻采访报道有卓越贡献的人。

1931年普利策的儿子赫伯特在经济大萧条时把《世界报》售予斯克里普斯·霍华德。为此，赫伯特还专门聘请律师，经过一番颇费周折的司法程序，修改了普利策的遗嘱。

后来《纽约世界报》离开历史舞台，《纽约世界报》大厦也因为修路而被拆除。如今只有《圣路易快邮报》还掌握在普利策家族手中，并且依然是美国最有影响力的大报之一。

普利策作为一代报人，为新闻事业留下许多遗产。比如一般认为，《纽约世界报》具有三大特征：文章富有趣味、文字简洁生动、版面新颖活泼。普利策的新闻人生，始终都在追寻一种文字简洁生动、意思明晓畅达的报道风格。

正是通过耸人听闻的报道内容、简洁明快的文风及活泼生动的版面设计，配合社会运动，使他的报刊读者日益增多，销量日益扩大。同时，报业的经营管理也日益提升。鼎盛的标志就是1890年落成的《纽约世界报》大厦的落成。

普利策对新闻教育事业影响也尤为突出。在当时，人们还未把新闻当成一门学问，而只是当成一种技艺，并且有许多报纸编辑嘲笑普利策的想法。

1904年，他在一篇登于《北美评论》的文章中答道：创办新闻学院的目的是为了培养更好的记者，让他们办出更好的报纸，以更好地服务于公众。我希望开展一项运动，把新闻提高到一个学术性专业的层次。

此后，他又与哈佛校长C.W.埃利奥特探讨此事。“根据他们的讨论，埃利奥特和普利策提出了一套新闻学院的全部课程，即强调社会科学和人文科学方面的课程，辅之以新闻技巧方面的课程。”

后来，在普利策的一再要求下，哥伦比亚大学终于接收了他的捐赠及计划，按他1911年逝世时的遗嘱，给大学的捐赠总额为200万美元，哥伦比亚大学在这个数目上又增加了50万美元。

但普利策本人并未目睹哥伦比亚大学新闻学院成立，在他去世后一年，学院成立，如今成为美国一家历史悠久、声誉良好的新闻学院，在新闻学界和业界享有崇高声望。此外，学院还主持评选一年一度的普利策新闻奖。

哥伦比亚大学小百科

1．哥伦比亚大学是美国最早进行通才教育的本科生院，至今仍保持着美国大学中最严格的核心课程。公认在常春藤盟校中最难的两门基础课："当代文化"和"人文文学"，就是核心课程的基础。

2．哥大最初的建校目标是："在已知的语言、人文和科学领域内教导和教育青年。"哥大注重学校与社会结合，鼓励教师走出课堂和学校，学以致用。

3．在课程设置上锐意进取，特别是设立了国际化(Globalisation)、全品质(Total quality)、道德(Ethics)和人力资源管理四大主题，所以有"21世纪课程"的美誉。

第五课　学术自由的大学精神

人的才华就如海绵的水，没有外力的挤压，它是绝对流不出来的。流出来后，海绵才能吸收新的源泉。

哥伦比亚大学最初的教育理念是："在已知的语言、人文和科学领域内教导和教育青年。"为此，学校教学及课程设置都必须考虑三个问题：让学生学习什么？用什么方法教育学生？毕业时学生具备何种世界观？

学校最强调的一点是实践，由于学校所处的地理位置特殊，所培养的学生实践能力和创新精神都十分强。

曾经有这样一个笑话说明哥伦比亚大学素有"激进主义的温床"之称："在哥伦比亚大学换一个灯泡需要多少名学生？"答案是76名。其中，1名学生换灯泡；50名举行集会，要求争取不换灯泡的权利；另外25名则举行反要求的集会。

哥伦比亚大学校长李·鲍林哲(Lee C. Bollinger)则认为这正是哥伦比亚大学最重要的文化之一——"学术自由"，"我们一直都崇尚辩论和言论自由。"

哥伦比亚大学现由3个本科生院和13个研究生院构成，它所有的本科生院实力雄厚，研究生院更是以卓越的学术成就而闻名。此外，学校的医学、法学、商学和新闻学院都名列前茅。

附属学院有：师范学院、巴纳德学院、联合神学院和犹太神学院。我从事高等教育生态学研究最早接触的是“教育生态学（ecology of education）”。

对于这一术语，学界一致认为它最先是由哥伦比亚大学师范学院院长劳伦斯·A·克雷明(lawrence archur cremin,1925—1990)于1976年在其所著《公共教育(Public Education)》中提出的，来到哥伦比亚大学师范学院参观，一方面出于对师范学院的情感，另一方面是在我的学术研究领域寻找“教育生态学”鼻祖的足迹。

当然，普利策奖的诞生地——新闻学院我们也不会错过。

250多年来科学与艺术是她永恒不变的主题！我不知道在大学里还有什么比它的校友所取得如此成就更令学校骄傲的了，哥伦比亚大学难怪令世界各地那么多莘莘学子梦寐以求，难怪胡适先生为自己作为哥伦

比亚大学毕业生而终身骄傲。

哥伦比亚是美国最著名的大学之一。早在1919年,哥伦比亚大学就在全美高校中率先推行“核心课程”教育计划,实施通识教育。

让大学生在大学的前两年里,通过阅读、听课、讨论和辩论等各种手段来了解包括西方文学,西方艺术,西方音乐,西方文化等,这种“核心课程”以研讨的形式为学生之间、学生与老师之间的对话提供充分畅通的渠道。

哥伦比亚大学对其核心课程的小班规模和苏格拉底式的教学方式引为自豪,强调每一个大学生对理智训练的积极参与和以问题意识为特征的批判性思维方法的形成,注重师生之间的密切交流和对学术问题的共同探究,重视基本能力的磨练和良好思维习惯的养成而非知识的灌输。

“核心课程”教育使理工科学生对人文社会学科增加了解，同时又使文科学生对自然科学等加深印象。在对自己兴趣、潜质有了足够清晰的了解以后，第三学年才选择专业，进入专业学院学习具体专业课程。

哥伦比亚大学的核心课程是必修课形式的，包括“当代文明”“文学人文”“美术人文”“音乐人文”“主要文化”“外语课程”“大学写作”“自然科学的前沿”“自然科学”“体育”共十门课程，这种课程设置就保证了哥伦比亚式的教育是全面和严格的。

其中，除“外语课程”“主要文化”“体育”和“自然科学”有一定的选课自由外，其余课程都是内容基本相同的必修课。在这十门课程里边，有些是一学年的课程，有些则是一学期的课程。但无论课时长短，每门课都具有很高的目的性和针对性，对课程设置、学生学习等都有非常明确的目标和要求。

哥伦比亚大学通识教育传统的最大特点是其简明和容易操作。传统上主要由两门课组成，一门称为“当代文明”(Contemporary Civilization)，另一门称作“人文经典”(Humanities)。

“当代文明”这个课名很容易被误解为只是讲现代文明，其实这课内容是讲从古到今的西方文明，因此它其实就是以后美国各校普遍开设的“西方文明”课；而“人文经典”课则当时自然是指西方经典。

1917—1919 年之所以被认为是美国现代通识教育的起点，就是因为首先 1917 年哥伦比亚大学有个教师开设了一门“人文经典选读”课，但这

门课开始时完全只是教师个人在学校开的一门选修课，该课程一个星期读一本西方经典，不要求希腊文、拉丁文。

这项举措在当时很是被学术同人嘲笑，认为不但读经典不合时宜，而且读经典不要求希腊文和拉丁文更被看成不专业而被讥为不伦不类。但这课证明很受学生欢迎，因此其他教师都跟着他学，开设类似的人文经典阅读课。

但要经过20年后，到30年代后期，这门课才逐渐制度化为哥伦比亚的全校必修课，也即所有本科生的必修课。这就是所谓"人文经典"课的起源，它基本上是以阅读西方经典著作为中心，从古代一直读到现代。

在哥伦比亚大学，最初"现代文明"课与"人文经典"课是各不相干的，但到40年代，这两个课开始成为配套的全校本科必修课，构成了哥大以后的通识教育基本构架。两门课的学时都是连续两学年四个学期的全校必修课。

在长期的实践中，这些课程逐渐形成了自己的内在理路。例如，"当代文明"课第一学年的内容是讲西方从古代到近代的历史，所以第一年这门课基本属于史学和人文学科的训练；而第二学年这门课内容转向现代西方社会，这就必然引进了现代社会科学例如社会学、政治学、经济学等学科的视野。

因此这门课两个学年的教育，实际自然地形成了一个从"人文学科"的训练过渡到现代"社会学科"的训练。而在"人文经典"课方面，则同样是从古代经典一直读到现当代经典，从柏拉图读到尼采、马克思。

而更重要的是，"人文经典"和"现代文明"这两门原先各自独立的课，成为通识教育基本构架后，俨然体现出了一种内在理路或配套原理："文明"课讲的是西方文明的历史"演变"，而"人文经典"则强调经典著作提出的问题之永恒价值，即"不变"的东西。

从课程上讲，实际上"经—史"又是互相渗透的，因为讲史的课同样包括很多经典选读，而经典著作的课同时涉及这些经典的产生时代以及思想的传承关系。

哥伦比亚这一由"史"和"经"交互构成的通识教育构架，实际是以后芝加哥等各校通识教育课程体制都贯彻的基本原则。这实际是非常契合我国传统教育的"经—史传统"的，"史"讲的是一个文明的盛衰变化，"经"或经典则是这个文明的最基本智慧结晶亦即科南所谓"传统形成的智慧"。

我们对中国自己的传统实际还不如西方人更为重视，例如哥伦比亚大学在"二战"以后，在全校通识教育课程中发展了一套相当有名的本科通识教育课程，这就是"东方文明课"(oriental civilizations)以及与之配套的"东方经典课"(oriental humanities)。两个课都是讲三个文明：中国文明、日本文明和印度文明，课时都是连续两个学期。

这两门课的设计理路也是仿照哥大的西方文明和西方经典课，即按"经和史"交互构成。

"东方文明课"讲的是历史，第一个学期讲中国、日本和印度的古典文明,第二学期则讲三个文明的现代转型,以日本明治维新作为三种文明转型的开端。

而"东方经典"课则把中国、日本和印度的历代经典译成英文阅读,我们熟悉的陈荣捷翻译成英文的许多中国经典,其实就是当时为哥大这两个本科通识课程用的。另外,值得一提的是,国外的本科只有三年。

哥伦比亚大学小百科

纵观国际一流的大学,它们都有一流的本科教育。在这些一流的研究型大学中,本科教育有着无可代替的核心地位。而支撑这些优质本科教育的因素,除了这些研究型大学中拥有一流的师资队伍和教学条件外,通识教育则可以说是它们本科教育的普遍特征,美国的著名研究型大学更是如此,而且最为成功。

正是在这种教育思想指导下,美国正规大学的本科教育头两年学生基本不学专业,而是花很多时间涉猎百科、纵横文理,为日后进入专业学习打下广博的基础。像哈佛、普林斯顿、哥伦比亚等美国一流高校吸引最优秀的应届高中生报考的"招牌"之一就是它们的所谓"核心课程"。

第六课 哥伦比亚大学名人榜——阿西莫夫

为了不让生活留下遗憾和后悔，我们应该尽可能抓住一切改变生活的机会。

科幻小说作家：阿西莫夫

艾萨克·阿西莫夫（Isaac Asimov，1920年1月2日－1992年4月6日）是出生于俄罗斯的美国犹太人作家，他是生物化学教授，门萨学会会员。他创作力丰沛，产量惊人，作品以科幻小说和科普丛书最为人称道。美国科幻小说黄金时代的代表人物之一。

阿西莫夫一生创作和编辑过的书籍超过500册，据估计他至少写过9000封的信函和明信片，著作类别除了哲学类以外，几乎涵盖整个“杜威十进制图书分类法”。

阿西莫夫是公认的科幻大师，与儒勒·凡尔纳、H·G·威尔斯并称为科幻历史上的三巨头，同时还与罗伯特·海因莱因、亚瑟·克拉克并列为科幻小说的三巨头。阿西莫夫的作品中，以“基地系列”最为人称道，其他主要著作还有“银河帝国三部曲”和“机器人系列”，三大系列最后在“基地系列”的架空宇宙中合归一统，被誉为“科幻圣经”。

阿西莫夫笔下产出不少短篇小说，其中《夜归》《Nightfall》曾获美国科幻作家协会票选为1964年前的最佳短篇小说。他也写推理小说和奇幻小说以及大量的非文学类作品，并曾用笔名“保罗·法兰西”为青少年撰写科幻小说《幸运之星系列》。

阿西莫夫治学有方，他的科普著作多以史学手法阐述科学概念，尽可能细数从头，理性分析科学脉络。提及某个科学家时，也会一并附上详细的背景资料，诸如国籍、出生日期和死亡日期，并以语源学和发音方式介绍科技名词。这些特点在他的《科学指南》、三大卷的《认识物理学》和《阿西莫夫的科学探索史纲》里处处可见。

阿西莫夫参与门萨学会多年，后来有点不甘愿地被任选为副会长，他说这个学会的会员都“好逞能斗智”，相较之下，他更乐意担任美国人道协会的会长。小行星《阿西莫夫科幻小说》杂志和两项艾西莫夫奖都是以他的名字命名。

阿西莫夫是美籍俄裔犹太人，他于1920年1月2日出生在俄国的彼得格勒，3岁时举家迁往美国，5年后取得美国国籍。阿西莫夫的父亲在纽约布鲁克林区开有数家糖果连锁店，阿西莫夫则一边读书一边帮忙照料店铺。阿西莫夫的父亲保守刻板，对子女要求严格，禁止阿西莫夫看暴力色情之类的报刊书籍，于是阿西莫夫选择了科幻小说，并从9岁开始痴迷。

阿西莫夫从小喜欢读书，他6岁时父亲就在市立图书馆给他领了一张

借书证，同时，也开始接收美国的正规教育。10岁起他就开始在父亲的糖果店里工作，养成了持续工作的习惯，这个习惯伴随他度过了一生。此后，他还做过打字员、助教、副教授，从1958年开始，阿西莫夫成为专业作家。

在阿西莫夫18岁那年，他将自己的处女作《宇宙瓶塞钻》投给著名科幻作家兼编辑坎贝尔主编的科幻杂志，但是坎贝尔认为这篇作品“作为短篇太长，作为长篇则太短”，而且他“不喜欢慢腾腾的开头以及自杀的结局”。不过坎贝尔还

是给了阿西莫夫以很大的鼓励。结果在1939年3月，阿西莫夫终于发表了自己的第一篇作品《逃离灶神星》。

就在这同一年，阿西莫夫获得了哥伦比亚学士学位，1941年他又获得文学硕士。二战中阿西莫夫曾入伍服役，战后于1948年获得博士学位，并进入大学教书。阿西莫夫一生写有大量的科幻作品，其中最主要的有两大系列："基地"系列和"机器人"系列。

【人物简介】

艾萨·阿西莫夫是当代美国最著名的科普作家、科幻小说家，文学评论家，美国科幻小说黄金时代的代表人物之一。阿西莫夫一生著述近500本，是公认的科幻大师，与儒勒·凡尔纳、H.G. 威尔斯并称为科幻历史上的三巨头，同时还与罗伯特·海因莱因、亚瑟·克拉克并列为科幻小说的三巨头。其作品以中《基地系列》《银河帝国三部曲》和《机器人系列》三大系列被誉为"科幻圣经"。曾获代表科幻界最高荣誉的雨果奖和星云终身成就大师奖。小行星5020、《艾西莫夫科幻小说》杂志和两项艾西莫夫奖都是以他的名

"基地"系列为读者展示了一个浩瀚庞大的宇宙画卷。它的故事发生在遥远的未来，其时人类已遍布250万颗行星，人口达到1000亿，形成了一个真正的宇宙帝国。而这时一位数学家却根据新科学"心理史学"推算得出这样一个结论：帝国行将崩溃，人类社会将进入一个长达30000年的黑暗时期，所有的文明都将荡然无存；但是如果按照他的方法，通过建立基地的方法，则可以将人类文明的火种保留下来，并将黑暗时期缩短为1000年。

"机器人"系列中的短篇作品主要收集在《我，机器人》（同名电影由威尔·史密斯主演，亦翻作《机械公敌》）和《其余的机器人》等作品集当中，此外阿西莫夫有关机器人的科幻还有长篇推理侦探《钢窟》及《裸日》等。

阿西莫夫利用自己提出的"机器人学三定律"，为机器人建立了一套行为规范和道德准则，从而演绎出一系列推理性和逻辑性极强的漂亮故事。

除上述两大系列之外，阿西莫夫还有许多脍炙人口的科幻作品，比如描写某文明星球数千年才出现一次星空的《黄昏》，描写"平行世界"中外星人的《众神自己》以及他唯一涉及时间旅行的《永恒的末日》。可谓不胜枚举，不一而足。

作为一名科学工作者，阿西莫夫不仅创作科幻小说，同时也写作科普

作品,他的科普作品同样让人百读不厌。正如阿西莫夫逝世后一位评论家所说:“他的作品愉悦了数百万人,同时改变了他们对世界的看法。”由于他对科幻的卓越贡献,科幻界公认他为科幻三巨头之一(另外两位是亚瑟·克拉克和罗伯特·海因莱因)。

1950年—1960年,艾西莫夫转移写作重心,小说作品大为减少(从1957年的《裸阳》到1982年的《基地边缘》之间,他只出版了4部成人小说,其中有两部是推理小说),同时增加非文学类作品,写的大多是科普著作。1957年苏联发射史泼尼克卫星,使得社会大众关注起科学缺口,出版商对填补缺口的热切之情,到了阿西莫夫写多少就出多少的地步。

同一时间,月刊《奇幻与科幻杂志》邀请他在隔月别刊《冒险科幻小说》杂志上连载非文学类专栏,表面上虽是科普专栏,但其实阿西莫夫拥有完全的编辑自由。第一个《小说与科幻》(F&SF)专栏始于1958年11月,此后不间断地连载了399期,直到阿西莫夫病入膏肓。阿西莫夫的主要合作对象双日出版社定期把专栏文章收集成册,将阿西莫夫捧成科学的”大说明家“,他解释说,他写的只是科普文章,他不会假定读者是科学门外汉。他第一部畅销推荐作《智者的科学指南》,使他卸下大学教职,全心投入写作。

阿西莫夫的写作范围涵盖全方面领域,有一次库尔特·冯内古特不禁问他,无所不知是什么感觉?阿西莫夫回答说,他只知道肩负全知之名是什么样的感觉——提心吊胆。(见于《In Joy Still Felt》)托马斯·品钦在他短篇集《Slow Learner》的序里公开承认,他全倚仗阿西莫夫的科普丛书介绍(和《牛津英语词典》)才了解什么是熵。

阿西莫夫和克拉克互敬互重的友谊一度传为美名,称之为阿西莫夫与克拉克的公园大道之约,有天他们同乘出租车前往

纽约公园大道,在车上阿西莫夫坚持称克拉克是世上最优秀的科幻作家(他个人则谦居第二),克拉克则坚持称阿西莫夫为世上最优秀的科学作家(他个人也谦居第二)。于是在克拉克的《Report on Planet Three》献词页,有词记之曰:用克拉克与阿西莫夫之约的说法,科学作家亚军谨将这本书献给科幻作家亚军。

艾西莫夫有嗜幽癖,偏好狭小幽静的地方。他在第三本自传中回忆道,小时候总是想拿本杂志躲进纽约地下铁的车站里,在列车轰隆隆的声响中,封闭自我,享受阅读的乐趣。艾西莫夫怕坐飞机,一生中只坐过两次飞机(一次是在海军大气实验室工作的时候,另一次是1946年从欧胡岛陆军基地退伍回家)。

他很少长途旅行,有部分是讨厌长途旅行就要坐飞机。他的几部小说里,都有惧飞症的阴影, 像是温达·厄斯的推理故事,和《机器人系列》的主要角色伊利亚·贝莱。

他晚年喜欢游轮旅行, 有几次还在航程中娱乐乘客,像在皇家邮轮“伊丽莎白女王二号”上讲述科学。艾西莫夫的演讲风格极富创意,幽默风趣,颇受欢迎,他在时间上的掌控精确非常,不抬头看钟,却总能准时结束演说。

艾西莫夫中等身材,健壮结实,蓄山羊胡,有着与众不同的布鲁克林意第绪口音。他缺乏运动细胞,不会游泳,也不会骑脚踏车,不过他搬到波士顿之后,倒是学会了开车。

在他的幽默小品《Asimov Laughs Again》里,形容在波士顿开车根本是“开进无政府车阵”。

艾西莫夫兴趣广泛,反应在晚年致力参与的大小团体上,他热爱吉尔伯特与苏利文的轻歌剧,加入推理作家雷克斯·史托德笔下人物尼洛·伍尔夫的爱好团体伍尔夫协会(Wolfe Pack),也是福尔摩斯爱好组织贝克街游击队的著名会员。

从1985年到1992年逝世为止,艾西莫夫担任美国人道协会会长,后来继任的是作家朋友库尔特·冯内古特。他也是影集《星舰奇航记》之父吉恩·罗登贝瑞的挚交,在拍摄《星舰迷航记》电影版期间,给予不少有用的建议。

阿西莫夫的传奇人生

阿西莫夫约莫是1920年1月2日(出生日期仅供参考,实际的日期尚未确定)出生于俄罗斯斯摩棱斯克州彼得罗维奇的犹太乡镇,父亲犹大·阿西莫夫,母亲安娜·瑞秋·柏曼·阿西莫夫,是以磨坊为业的犹太家庭。

家族姓氏源于单字"Azimy",俄语的意思是"冬天磨谷",字尾饰以曾曾祖父的名字,纪念他的辛劳。阿西莫夫在第一本自传《In Memory Yet Green》里解释过自己姓氏的念法:"有天我收到一张明信片,询问我的姓氏到底该怎么念,据说事关一场豪赌。我常这么说:把三个很简单的英文单词"has""him""of"放在一起,就成了"has-him-of",先用正常的速度念一遍,然后把两个前缀"h"拿掉再念一次,不就是"Asimov"了吗。说真的,有那么困难吗?"

阿西莫夫3岁随父母移民美国,在纽约布鲁克林长大,5岁自己学习认字,由于父母只使用意第绪语和英语沟通,所以他不会说俄语,但能讲流利的意第绪语跟英语。他的父母承接了一家杂货店,家里人都要在店里帮忙,他因此接触到店里卖的廉价科幻杂志,一脚踏入科幻世界。阿西莫夫11岁下笔写小说,19岁稿子就卖给了科幻杂志社。

【所获殊荣】

1957年,艾迪生基金奖;1960年,美国心脏协会的布雷克利斯奖;1962年,波士顿大学的出版价值奖;1963年,雨果特别奖,刊登在《奇幻与科幻小说杂志》的专栏评论;1965年,美国化学公会的葛兰帝奖等奖项以及荣获多所大学共14项荣誉博士学位。

阿西莫夫未满16岁便完成高中学业,1939年毕业于哥伦比亚大学,1948

年回校取得生物化学博士学位。离开校园的这期间正逢第二次世界大战，他在费城海军造船厂的大气实验室以平民身份工作3年。战后加入美国陆军，服役9个月就光荣退伍。从军期间，他靠打字升到下士，侥幸躲过1946年在比基尼环礁的原子弹试爆。

阿西莫夫完成博士学业后，成为波士顿大学医学院生化讲师，从此跟波大建立起终生的关系。1955年升任副教授。1958年他全心投入写作后，就不再教书(他写作所得远比任教来得多)，但仍争取到保留副教授的头衔。1979年大学为表扬他的写作，晋升他为生物化学教授。1965年，应大学莫加纪念图书馆馆长霍华·戈特利布之请，阿西莫夫捐赠出他的私人文件。一共464箱，放满71格的收藏架。

1942年7月26日，阿西莫夫与葛楚·布鲁洁曼结婚，生有一子一女，1970年分居，1973年他和葛楚离婚，与珍妮特·杰普生结婚。1992年4月6日，艾西莫夫离开他的第二任妻子珍妮特和第一次婚姻所生的子女，撒手人寰。他死后10年，珍妮特版本的艾西莫夫自传《It's Been a Good Life》出版，揭露他死于艾滋病。

1983年12月，在他进行一次心脏绕道手术时因输血感染到艾滋病毒。明确的死因是艾滋病毒感染并发症所引起的心肾衰竭。珍妮特·艾西莫夫在这本自传的跋里写道，艾西莫夫想要“公开”，医生说服他保持沉默，警告大众对艾滋病的偏见会伤害到他的家人。艾西莫夫的家人想在他死后公开，却适逢阿瑟·阿什公开得了艾滋病之后爆发争论，于是就打消了念头。10年之后，艾西莫夫的医生过世，珍妮特和家人才同意公开他的死因。

阿西莫夫是人道主义和理性主义者。他不反对虔诚的宗教信仰，但是曾经多次斥责迷信和伪科学可能导致劣币驱逐良币的后果。在他幼年时期，父母奉行东正教犹太传统，不过比起在彼得罗维奇来得宽松，教条没有强压在阿西莫夫身上。也由于他的成长过程中没有受到太多的宗教影响，长大后他认为圣经描绘的故事是希伯来神话，就如同伊利亚特是希腊神话一样。阿西莫夫多年号称无神论者，不过他自觉名不副实，解释他只是不相信的比相信的多，之后他发现用“人道主义”来形容自己更为恰当。

在他最后的自传里，阿西莫夫说，“如果我不是无神论者，我会相信上帝宁可拯救生民百姓，而非当只字词组中的典范。与其眷顾在电视上言必称上帝却口是心非的传教士，他会更喜爱坦诚直率的无神论者”。同一本自传里也说地狱是“胡说八道的虐待狂”乱跟慈悲的上帝攀关系。人类政府既然乐于减刑，阿西莫夫纳闷，何不先从另一世的刑罚开始减起。

他否定人类的信念或行为会导致无尽的惩罚。如果有另一世的存在，他主张，最恒久严酷的惩罚将保留给那些“诋毁上帝，捏造地狱”的人。在他的《Treasury ofHumor》和《Asimov Laughs Again》作品里，有不少笑话跟宗教有关，诸如犹太基督上帝、撒旦、伊甸园和一些宗教话题，他表示一个笑话讲得好，能有刺激理性讨论的功用。

阿西莫夫在罗斯福新政期间成为美国民主党的铁杆支持者，从此成为政治自由主义者。20世纪60年代，他挺身发言反对越战，70年代初期，他在电视访谈里公开支持美国民主党总统候选人乔治·麦戈文（George McGovern，他的对手是总统宝座卫冕者尼克松）。

20世纪60年代末期，政治自由主义激进派不理性的运动路线，让他感到难过。在自传《In JoyStill Felt》中，他回忆起跟反文化人士艾比·霍夫曼（AbbieHoffman）的会面，对于这位1960年代反文化的情绪波动印象特别深刻。他认为到最后，他们将搁浅

在”精神的无人之地“，为众人遗弃。（这项看法启发自杭特·汤普森著名的旅程《Fear and Loathing in LasVegas》）

阿西莫夫使用核能的主张，在三哩岛核能电厂灾变后，损及与某些自由主义同志的情谊。一封转载在《Yours, Isaac Asimov》的信里，他解释，尽管比起与核子反应炉为邻，自己更喜欢居住在“没有危险的安全之地”，但是与其住在贫民窟，他宁可有核能发电厂做伴。看是要选择爱河（Love Canal，早年美国一个垫基于废弃物弃置场上所发展的小区，造成居民健康上的严重问题，现已被迫撤离）还是要“美国联合碳化物植物生产的异氰酸甲酯”。阿西莫夫多次呼吁进行人口控制，他的观点是从托马斯·马尔萨斯到保罗·艾瑞希（Paul R.Ehrlich）一脉相承。阿西莫夫表示自己男女平等的主张早于妇女解放运动，他开玩笑地说，他希望女性解放是“因为我讨厌被她们收钱”。他认真争论过妇女权与人口控制有密切的关联。除此之外，他认为同性恋在人口中必须赋予“道德上的合法性”，应视同成年人无生殖结果的性活动。

阿西莫夫的写作生涯

阿西莫夫的写作生涯可以分成几个时期，早期作品主要是科幻题材，1939年开始写短篇小说，1950年撰写长篇科幻小说，这个时期直到1958年《裸阳》出版为止。他在1952年开始出版非文学类作品，帮忙编辑大学教课书《生物化学与人体新陈代谢》。

苏联在1957年发射第一颗短轨人造卫星史泼尼克一号后，他的非文学类著作，尤其是科普作品显著增加，结果影响到科幻小说的产出，之后的四分之一世纪，他只写了4本科幻小说。1982年，他另一半科幻时期随着《基地边缘》的出版而展开。此后直到他过世，阿西莫夫为以前的小说作品补充了数部续集和前传，将各个系列作品合归一统，构成一部他前所未料的宏观系列。

阿西莫夫认为自己历久弥新的贡献是《机器人学三大法则》和《基地系列》。（见于《Yours, Isaac Asimov》）《牛津英语词典》认为《正子学》（完全虚构的科技）、《心理史学》（阿西莫夫频繁使用的虚构名词，与原字义相异）和《机器人学》这几个名词首创于他的科幻小说。《机器人学》无疑是阿西莫夫原创的新字，当时他觉得那不过是顺手拈来的机械学正常同源词，就像水力学一样。（原字《机器人》源自捷克语的"Robotovat"和"Robota"，意指"苦工"，首见剧作家卡雷尔·恰佩克用于《R.U.R.罗梭的万能工人》）与《心理史学》不同的是，《机器人学》以阿西莫夫的原始定义，继续在主流科技中开枝散叶。美国电视剧《银河飞龙》里的机器人百科和知识能装置《正电子脑》，得归功于阿西莫夫创造这项（虚构的）科技。

【阿西莫夫作品特色】

阿西莫夫以真确的物质科学及人文现象演绎出他的科幻世界，又杂进侦探与推理的小说技法，使得他的作品情节生动，扣人心弦，让人不忍释卷。

阿西莫夫在1939年开始投稿科幻杂志，第一篇被刊登出来的稿子是在18岁写的《Marooned Off Vesta》。两年半后，他发表第32篇短篇小说《夜归》，被誉为《最优秀的科幻小说》之一。1968年，美国科幻作家协会票选《夜归》为"史上最佳科幻短篇小说"。他在短篇集《Nightfall and Other Stories》里写道，《夜归》是我写作生涯的分水岭，科幻小说界忽然认知我的存在，对我认真看待。年复一年，事实如此明显，我写出了一部经典。《夜归》是一部典型的社会科幻小说（Social Science Fiction），阿西莫夫用来形容这是20世纪40年代的科幻小说新趋向，由包括阿西莫夫和海因莱因在内的作家领军，题材抛开机器和太空剧场，转而对人类环境进行深思。

他在1942年动笔写出“基地系列”（后来这些短篇小说集结成“基地三部曲”：《基地》《基地与帝国》和《第二基地》），讲述在未来宇宙中，一个浩瀚无垠的星际帝国，其衰颓与重生。“基地系列”跟“机器人系列”是他的科幻小说代表作。多年之后，他继续以《基地边缘》和《基地与地球》发展架构，并且用《基地前奏》和《基地缔造者》回顾原始三部曲之前的故事。这个系列的特色是他虚构了一门自然科学，当人口数量达到一定规模后，历史方向就能进行预测，阿西莫夫称之为“心理史学”。

同一时期，他还写了“机器人系列”的短篇作品，大多都收录在《我，机器人》。作品里发表了一套机器人伦理法则（见“机器人学三大法则”）和智能计算机，大大影响其他作家和思想家处理此一议题时的看法。其中一篇故事，后来改编成罗宾·威廉斯（Robin Williams）主演的电影《变人》。

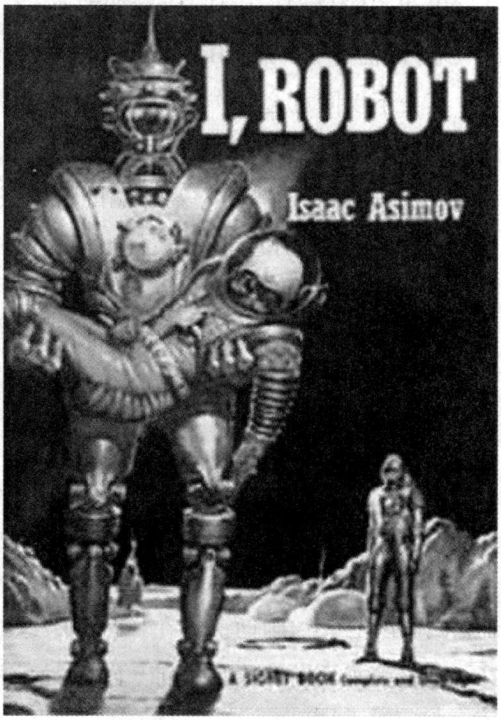

2004年由威尔·史密斯主演的《机器公敌》（I, Robot）实则改编自杰夫·温塔的剧本，随后取得授权，再结合阿西莫夫的概念，才冠上《我，机器人》的小说头衔。这部电影跟哈兰·艾利森的剧本《I, Robot》无关，他曾和阿西莫夫合作，以创作捕捉到原作精神的剧本。

引述阿西莫夫说过的话，艾利森的电影剧本将是史上第一部真正成人导向，错综复杂，最值得观赏的科幻电影。1994年剧本出版成书，拍成电影的希望也随之变得渺茫。

1999年由好莱坞最受欢迎的喜剧明星之一罗宾威廉姆斯主演《机器管家》改编自阿西莫夫的机器人系列故事。这部影片通过一个机器人变成人的科幻故事,对人类的情感、伦理等许多问题进行了演绎，包容量很大。通过此片,可以感受到自由、生命、爱情、尊严这四个主题。

除了电影以外,“基地系列”和“机器人系列”也启发许多知名作家,写出相关的科幻衍生作品,诸如罗杰·麦克布莱·艾伦、葛瑞格·贝尔、杰格瑞·班福德(Gregory Benford)和戴维·布尔。阿西莫夫的遗孀珍妮特·阿西莫夫不仅同意这类作品的出版，她经常还是扮演主动要求其他作家协作续篇的角色。

1948年,他写了一篇恶搞的科学报告,当其时,阿西莫夫正在准备博士论文,他怕引起审查委员会的反感,遂要求编辑让他用笔名发表,结果出版时他的大名没有拿掉。不久就开始口试,他对自己备受注意感到忐忑不安。最后,一位口试委员转向他,面带微笑地说:阿西莫夫先生,能解说一下化合物硫羟肟酸有机胺的热力特性吗？半小时后,他被叫回审查室,拿到博士学位。

1950年,他持续为科幻杂志写短篇小说,他称这个时期是自己的黄金十年。这些作品被收录在《The Best of Isaac Asimov》,其中包括讨论逆转熵的《最后的问题》(TheLast Question),是他个人最满意的短篇小说,与《夜归》互竞高下。阿西莫夫在1973年写道:“为什么我最满意这篇故事?首先,写这篇小说时我灵感充沛,下笔神速,不改一字,这是所有作家都心花怒放的状态。再则，这篇小说对我的读者有着不可思议的影响。经常有人写信问我，有个故事他们忘了叫什么，只记得是我写的，他们简述完大纲后，这个故事一定是《最后的问题》。甚至我最近接到一通长途电话，一位极端绝望的先生说：'阿西莫夫教授，有个故事我想是你写的，可是我忘了叫啥。'讲完我就打断他的话，直接告诉他是《最后的问题》，之后我描述一下剧情，证明这就是他想要的答案，然后乐得让他以为我有千里读心的特异功能。"

1974年12月，前披头士乐队成员保罗·麦卡特尼与阿西莫夫联络，想请他帮忙一部科幻音乐剧的电影剧本。麦卡尼带来一份模糊的剧情概念和小部分对白。他想做一部外星人假扮模仿地球摇滚乐团的电影。扮演摇滚乐团和外星人的应该是麦卡尼正达事业高峰的羽翼合唱团(Wings)。

虽然阿西莫夫对摇滚音乐算不上爱好，但是这个计划让他深感兴趣，他很快就勾勒出一个故事大纲，再根据麦卡尼的原始概念，创作出一个精彩动人的故事。不过他没用上麦卡尼的对白，最后麦卡尼打了回票。这份剧本现存波士顿大学图书馆。

1977年起，他把名字借给《艾萨克·阿西莫夫科幻小说》杂志使用（即现在的《阿西莫夫科幻小说》杂志），并为杂志撰写评论。除此之外，还有一份昙花一现的《阿西莫夫科幻冒险杂志》(Asimov's SF Adventure Magazine)和以杂志形式重印的《阿西莫夫科幻杂志选订集》(Asimov's Science Fiction Anthology，同一手法也用在《艾勒里·昆恩推理杂志》和《艾弗列·希区考克推理杂志》的选订集上)。

哥伦比亚大学小百科

核心课程是哥伦比亚大学教育的基石。作为哥伦比亚大学才智开发的关键，核心课程的目标是为哥大全体本科生，无论其将来的专业或方向如何，提供一个广阔的视野，使之谙熟文学、哲学、历史、音乐、艺术和科学上的重要思想与成就。

后　记

本丛书是根据世界著名大学文化教育长期思考研究编辑而成，它代表着我的一份独立思考,更代表着我的一份紧张和不安。

我知道书是写给别人看的,且不说怎样去影响别人、打动别人,起码得让人饶有兴致地读下去吧。我试图从新的视角,新的写作方式,尽可能全面准确地把握写作主题,让读者从世界著名的20所高等学府中获取知识,从而提高自身的文化素质,学习思考问题和学术研究的新方法。在文化交流中,读者能够从本丛书中了解到世界著名大学的文化教育思想,同时可以学习借鉴这些大学教育经验的有效做法和成功经验。我知道,想到了未必能做到,更未必能做得好。这是个大问题,就算不能够起到抛砖引玉的效果、但是在编写过程中我还是做了大胆的尝试,希望读者们可以在阅读的过程中有所收获,有所启发。

本着这样的想法和初衷,经过长期的准备和编写,书稿业已完成。大学是人才荟萃、知识丰富和精神自由的地方,在大学里,每个大学生的人生都会因为环境而发生重大的转折和改变,这也是人生获取能量、积累资源最重要的时期。因此,大学生在校期间应该兼收并蓄,广泛寻求与老师、同学、校友之间的互动交流机会,从而既可获得一面立体的“镜子”,清晰地认清自己,又能获得各类精神营养的滋润,让自己拥有领袖的气质。

大学是未来领袖的摇篮,是天才的渊薮,也是一个人在走向社会之前的自我磨练的地方。在这样一个思想极度开放自由的地方,作为大学生必然会遇到各种各样的问题。在这套丛书中,我们不仅介绍各所世界名校的发展历程、研究成果，同时我们还介绍了这些高等学府的知名校友，青少年在阅读时会从那些名人的生平事迹中有所感悟，从而影响青少年读者的人生价值观。我始终认为大学教育是一个人在成才过程中必不可少的教育阶段，在这一时期，大学生们必须要有自我发展的意识，而“未来领袖摇篮”丛书正好符合了青少年在这方面的需求。

大学有着深厚的文化积淀，其功能是培养符合社会需要的人才。尽管大学中的教学活动都是围绕专业知识的传授和学习展开的，实际上，一批又一批的青年学子始终是在学校中各种“潜在课程”、“无形学院”的培养、熏陶和影响下成长的。学知识与学做人，始终是摆在大学生面前的两件同等重要的任务。大学教育的本质在于人的教育。

高等教育的最重要目标并不是为了培养出多少具有先进知识的人才，而是在于培养具有高等素质的复合型人才。换句话说，在学生的专业知识与人格得到全面发展的同时，大学作为培养“未来领袖的摇篮”肩负着责无旁贷的重任。